Spojrzenia
na niewidzialne

Tytuł oryginału francuskiego:

»Regards sur l'invisible«

Edition originale:
© 1988, Wydawnictwo Prosveta S.A.
B.P. 12 – 83601 Frejus Cedex (Francja)
ISBN: 978-2-85566-463-7

Produkcja: BoD – Books on Demand,
Norderstedt, Germany

ISBN 978-3-89515-428-7

Omraam Mikhaël Aïvanhov

Spojrzenia na niewidzialne

Kolekcja Izvor – tom 228

WYDAWNICTWO PROSVETA
Niemcy

Spis treści

1. Widzialne i niewidzialne.................................9

2. Ograniczone postrzeganie intelektu,
   nieograniczone postrzeganie intuicji.............19

   Części 1...19

   Części 2...26

3. Dostęp do świata niewidzialnego:
   od Jesoda do Tifereta...................................33

   Części 1...33

   Części 2...39

4. Jasnowidzenie: aktywność i pasywność........42

5. Czy trzeba radzić się jasnowidzących?.. 47

6. Kochajcie, a wasze oczy się otworzą 58

7. Przekazy z Nieba......................................63

8. Światło widzialne i światło
   niewidzialne: „svetlina" i „videlina".............70

9. Wyższe stopnie jasnowidzenia......................73

10. Oko duchowe..81

11. Widzenie Boga 87

12. Prawdziwe lustro magiczne:
    Dusza uniwersalna...91

13. Marzenie senne i rzeczywistość 94

14. Sen, obraz śmierci 100

15. Ochraniać się podczas snu..........................106

16. Podróże duszy podczas snu 112

17. Ochrona fizyczna i ochrona
    psychiczna 121

18. Źródło inspiracji 126

19. Przedkładać uczucie nad widzenie 133

Czytelnik lepiej zrozumie pewne aspekty tekstów Omraama Mikhaela Aivanhova, zaprezentowane w tym tomie, jeśli zechce pamiętać, że chodzi tu o ściśle ustną Naukę.

Omraam Mikhaël Aïvanhov

1

Widzialne i niewidzialne

Jeśli ludziom trudno jest zaakceptować rzeczywistość świata, którego nie widzą, to dlatego, iż nie posiadają jeszcze – aby go obserwować lub pojąć – narządów równie rozwiniętych jak te, które pozwalają im kontaktować się ze światem fizycznym, jak: dotyk, wzrok, słuch, węch i smak.

Dla większości ludzi idea, iż istnieje inny świat, zaludniony niezliczonymi istotami, niewidzialnymi, jednakże równie rzeczywistymi jak te, które się spotyka każdego dnia – gdzie niektóre z nich są bardziej rozwinięte od człowieka – jest czymś nieprawdopodobnym lub nawet bezsensownym. Wszystko to, czego ludzie nie widzą i czego najbardziej doskonałe instrumenty używane przez naukę (mikroskopy, teleskopy, etc.) nie mogą wykryć, to nie istnieje. Cóż, jest to bardzo złe rozumowanie. To, co jest dla nich fundamentalne, ich własne życie, czy to widzą?... Na ziemi leży człowiek, jest widzialny, można go dotknąć, ale nie żyje: opuściło go coś niewidzialnego, to coś, co pozwalało mu chodzić, kochać, mówić i myśleć. Możecie złożyć obok niego żywność i wszystkie skarby świata mówiąc mu: „To wszystko jest dla ciebie, mój stary, ciesz się!" – to nic nie da, on się nie poruszy. Wobec tego, jak więc można podać w wątpliwość istnienie świata niewidzialnego?

Świat widzialny byłby niczym gdyby nie był ożywiany i wspierany przez świat niewidzialny. W pochodzeniu widzialnego trzeba zawsze doszukiwać się niewidzialnego. Jeżeli świat dla was istnieje, jeżeli możecie widzieć niebo, słońce i ziemię, to dzięki tej niewidzialnej w was zasadzie, która pozwala wam odkrywać je poprzez instrumenty widzialne, którymi są wasze oczy. Gdyby nie było tej niewidzialnej zasady, to wasze oczy niczemu by wam nie służyły, nic byście nie widzieli. Świat widzialny jest jedynie obwolutą świata niewidzialnego, bez którego nie moglibyśmy poznać nic z tego wszystkiego, co wokół nas istnieje.

Wszyscy ci, którzy tak kategorycznie odrzucają istnienie świata niewidzialnego dowodzą całkiem po prostu, iż nie myślą; bo czym są zajęci dzień i noc? Czy widzą swoje myśli i uczucia? Nie. Tak więc jak to się dzieje, że te myśli i uczucia są dla nich absolutnym pewnikiem? Czyż ktoś zakochany wątpi w swoją miłość? Nie widzi on swojej miłości i jej nie dotyka, ale to przez nią gotów jest poruszyć Niebo i Ziemię. Czy ktoś widział duszę lub sumienie? Gdy się mówi: „W zgodzie z moją duszą i sumieniem skazuję tego człowieka", decyduje się o losie człowieka w imię czegoś, czego się nigdy nie widziało i czego istnienie poddaje się nawet w wątpliwość: czyż więc jest to takie rozsądne?

Ludzie wierzą jedynie w rzeczy niewidzialne i nienamacalne, ale nie chcą się do tego przyznać. Myślą, odczuwają, kochają, cierpią i płaczą, i to zawsze ze względów niewidzialnych, lecz jednocześnie upierają się, iż nie wierzą w świat niewidzialny.

Jakaż to sprzeczność! Ileż to zbrodni popełnia się tylko dlatego, że ludzie biorą za rzeczywistość wszystko to, co im przychodzi do głowy. Zazdrosny mąż podejrzewa, że jego żona go zdradza i nawet tego nie sprawdzając, zabija ją. Inny podejrzewa, iż jakiś konkurent obmyśla jak go doprowadzić do ruiny, i znowu kolejny zabity.

Ludzie nie podają nigdy w wątpliwość tego, co myślą lub odczuwają, są całkowicie przekonani, że to jest prawda. Gdy im przedstawiacie wasz punkt widzenia, to mówią: „Zobaczę... przestudiuję tę sprawę... Zbadam to", ale jeśli chodzi o to, co oni myślą i odczuwają, nie ma co studiować, dla nich jest to jedyna rzeczywistość. Z jednej strony mają rację, bo gdy tylko wydają okrzyki radości lub bólu, jak mogą wątpić w rzeczywistość tego, czego doświadczają? Rzeczywistość wewnętrzna jest rzeczywistością bezdyskusyjną. Jest to nawet żyjąca istota, dlatego też Wtajemniczeni nauczają o istnieniu świata niewidzialnego i nienamacalnego, który jest jedyną rzeczywistością. Zresztą ten świat zwany „niewidzialnym" nie jest tak bardzo dla nich niewidzialny: jest widzialny, można go dotknąć, jest namacalny, przemierzany przez stworzenia, prądy, światła, kolory, kształty i zapachy o wiele bardziej rzeczywiste, niż te na planie fizycznym. Oni znają ten świat, badają go.

Zatem, błędem jest wierzyć, iż wrażenia, odczucia, myśli i wszystko to, co należy do świata psychicznego i duchowego nie może być precyzyjnie badane. Wszyscy naukowcy, którzy nie zajmują się tym światem niewidzialnym myśląc, iż nie ma instrumentów, aby go badać, mylą się. Instrumenty te istnieją i są o wiele bardziej precyzyjne i wiarygodne niż te, które mierzą zjawiska na planie fizycznym. W chemii czy fizyce przyjmuje się zawsze w pomiarach i obliczeniach dopuszczalną tolerancję błędu, jako możliwą i prawie nieuniknioną. Nie można zważyć danej substancji z dokładnością co do elektronu. Podczas gdy w nauce świata niewidzialnego, nawet jeden elektron jest policzony, zważony i obliczony: króluje tu absolutna dokładność.

Tak, życie, życie wewnętrzne, duchowe, może być badane z jeszcze większą dokładnością niż plan fizyczny, ale pod warunkiem udoskonalenia tych instrumentów absolutnej dokładności, którymi są organy duchowe. Dopóki się ich nie udoskonaliło, nie ma się prawa zaprzeczać realności świata niewidzialnego. Zresztą człowiek niezbyt dobrze udoskonalił nawet swoje pięć zmysłów. Niektóre zwierzęta widzą, słyszą, węszą i odbierają bodźce, których my nie jesteśmy zdolni odebrać: zapachy, ultradźwięki, niektóre promieniowania świetlne lub jeszcze niektóre znaki zapowiadające burzę, trzęsienie ziemi, epidemię, itd...

Jedyna rozsądna postawa, jaką mogą przyjąć naukowcy, to powiedzieć: „Stan naszej wiedzy nie pozwala nam się wypowiedzieć, musimy jeszcze zbadać ten problem". Zamiast tego, wypowiadają się i wprowadzają ludzkość w błąd. Tak więc są za to odpowiedzialni i pewnego dnia zapłacą za to bardzo drogo, gdyż ich odpowiedzialność jest zanotowana, a Niebo jest bezlitosne wobec tych, którzy oszukują ludzi. Wszyscy ci naukowcy, którzy uważają się za miarę i uniwersalne kryterium nie zdają sobie sprawy, iż ze swoimi własnymi ograniczeniami zagradzają drogę nie tylko sobie, ale i całej ludzkości. Jak to się dzieje, że gdy jakiś podróżnik udaje się na drugi koniec świata i opowiada, iż widział jakiś kraj zaludniony jakimiś mieszkańcami, przez który przepływa jakaś rzeka, to mu się wierzy? Natomiast odmawia się dać wiary tym, którzy udali się zwiedzać inne regiony, regiony duchowe i po powrocie opowiadają swoją podróż. Ci podróżnicy mogliby kłamać, a jednak im się wierzy, lecz jeśli chodzi o odkrywców świata niewidzialnego, to wówczas systematycznie podaje się ich słowa w wątpliwość.

Wszystkie święte Księgi wszystkich religii nadmieniają istnienie istot niewidzialnych, których obecność nie jest bez konsekwencji dla życia i przeznaczenia ludzi. Religia chrześcijańska podzieliła te istoty na dwie główne kategorie: duchy światła i duchy ciemności, anioły i demony. Inne tradycje bardziej nalegały na duchy natury, które zamieszkują cztery elementy. Często wam mówiłem o tych wszystkich istotach, a w szczególności o Hierarchiach anielskich, które wymienia kabała, przejęta przez tradycję chrześcijańską – tak więc nie powrócę już do tego.

Ja wierzę w świat niewidzialny, wierzę nawet jedynie w to: całe nasze istnienie jest regulowane i przepojone przez świat niewidzialny. Nawet nasze wrażenia dobrego samopoczucia i radości podobnie jak wrażenia cierpienia i smutku są powiązane z obecnością istot niewidzialnych, które przyciągamy naszym stylem życia. Powiecie: „My ich nie widzimy, one więc nie istnieją". Posłuchajcie, czyż można pytać niewidomego, aby się wypowiadał o tym, czego nie widzi? Gdybyście byli jasnowidzącymi i gdybyście odczuwali wielką radość, wówczas byście zobaczyli wokół was mnóstwo skrzydlatych istot przynoszących świetliste prezenty. Śpiewających i tańczących, pozostawiających na swojej drodze smugi mieniących się kolorów i najcudowniejszych zapachów. Gdy natomiast odczuwalibyście niepokój lub trwogę – gdybyście byli jasnowidzącymi – to byście widzieli istoty pokrzywione, które przybywają by szarpać was za włosy, drapać was i żądlić. Tradycja ezoteryczna nazwała te istoty „niepożądanymi", zbliżają się one do ludzi mówiąc: „Ach, ta kobieta, ten mężczyzna, interesują nas! Chodźmy, narobić im trochę kłopotów, będzie zabawnie widzieć jak krzyczą i gestykulują". O tak, tak się właśnie dzieje gdy jesteście nieszczęśliwi, zadręczeni.

Oczywiście w XX wieku znakomitości intelektualne i medyczne nie mogą zgodzić się z ideą, że istoty dobroczynne lub szkodliwe odwiedzają ludzi, aby im pomóc i pocieszyć albo przeciwnie, aby ich dręczyć i zniszczyć. Według tych osobistości, chodzi tu o elementy chemiczne, które zakłócają bądź przywracają dobre funkcjonowanie psychiki. To prawda, są to elementy chemiczne, ale skąd one się wzięły? Te elementy chemiczne są skonkretyzowaniem obecności duchów dobroczynnych lub szkodliwych, przyciągniętych przez samego człowieka. Jeśli ludzie poprzez swoje słabości i łamanie zakazów otwierają drzwi mrocznym istotom, to wówczas wnikają one w nich i prowokują zaburzenia, które psychologowie i psychoanalitycy określają różnego rodzaju nazwami, które jednak w rzeczywistości mają jedno i jedyne pochodzenie: obecność „niepożądanych" przyciągniętych przez nasz nieprawidłowy tryb życia.

Fakty te są bardzo dobrze wytłumaczone we wszystkich świętych Księgach, a jasnowidzący je potwierdzili. Jednakże dopóki ludzie nie rozwiną zdolności duchowych, które pozwalają poznać świat niewidzialny, dopóki będą podawać w wątpliwość wiedzę Nauki inicjacyjnej, dopóty będą sobie kształtować filozofię opartą jedynie na obserwacji pięciu zmysłów, a wnioski wyciągnięte z tej filozofii będą z pewnością błędne.

Aby wyjaśnić to zagadnienie „niepożądanych" wystarczy zobaczyć co się dzieje z tymi wszystkimi mikroskopijnymi organizmami, które nie przestają zagrażać ludziom i ich unicestwiać. Czy się je nazywa: mikrobami, wirusami, prątkami, czy bakteriami, ile to czasu zajęło biologom, aby je rozpoznać dzięki ich mikroskopom? Niewiele ponad sto lat, tylko tyle. Przed ich odkryciem przypisywano chorobom najbardziej niewiarygodne przyczyny. Obecnie już wiemy, iż przyczyną chorób są wszystkie te „żyjątka", których pochodzenie nie zostało jeszcze dość dobrze poznane. Jednakże mamy wyniki: choroby, śmierć. Otóż to, co się dzieje na planie fizycznym, dzieje się również na planach astralnym i mentalnym, a rezultaty tam też mamy: obawa, udręki, obsesje czy obłęd. Tylko, że nie mamy jeszcze wystarczająco doskonałych mikroskopów, aby móc wykryć te „wirusy" planów astralnego i mentalnego.

W dziedzinie psychicznej i duchowej, ludzie są jeszcze niczym w epoce przed Pasteurem: w momencie gdy nie widziano mikrobów, nie brano przeciwko nim żadnych środków zabezpieczających. Tak samo gdy się nie widzi tych „mikrobów" planu psychicznego, którymi są „niepożądani", również nie bierze się żadnych środków zabezpieczających. Być może zjawi się wkrótce jakiś inny Pasteur wraz z nowymi instrumentami, dzięki którym będzie można widzieć istoty astralne, które niszczą nieostrożnych ludzi. Lecz póki co, lepiej jest zgodzić się z ich istnieniem, a przede wszystkim nauczyć się przed nimi chronić prowadząc rozsądne i sensowne życie.

Niektórzy kabaliści – jasnowidzący – widzieli te istoty i nawet je nazwali. Te nazwy, które im dali – biorąc pod uwagę wartość numeryczną każdej litery – dokładnie wyrażają charakterystyki tych duchów. Znam je, ale nie chcę ich wam wyjawić, abyście nie mieli z nimi żadnego kontaktu. Trzeba być bardzo silnym, mieć potężną aurę i umieć pracować ze światłem i z kolorami, aby móc badać bezpiecznie te istoty. W każdym razie, czy w nie wierzycie, czy nie, jeżeli nie będziecie bardzo ostrożni, to nie będziecie mogli powstrzymać „niepożądanych", by wam nie szkodzili. Dlaczego można przeczytać w Pismach takie rady jak: „*Czuwajcie i módlcie się*", lub też: „*Czuwajcie, ponieważ diabeł, jak lew ryczący, gotów jest was pożreć!*"? Gdyby ludzie znali rzeczywistość, wówczas nie byliby ofiarami tak wielu kłopotów. Należy więc znowu powrócić do tej porzuconej i wzgardzonej mądrości, aby wreszcie przemienić swoją egzystencję.

Wszechświat zamieszkują miliardy źle-czyniących istot, które przysięgły zagładę ludzkości. Oczywiście, jest również zamieszkały przez miliardy istot świetlistych, które istnieją, by jej pomagać i ją chronić. Tak, lecz ich pomoc i ochrona nie będą nigdy wystarczające, jeśli sam człowiek nie będzie czynił nic, by podążać dobrą ścieżką. I żaden Mistrz nie jest zdolny, by was ochronić, jeśli będziecie się upierać, by wieść nierozsądne życie. Mistrz was pouczy, oświeci, nawet spróbuje na was wpłynąć poprzez swoje myśli i swoje uczucia, ale jeśli przez waszą obojętność, a nawet złą wolę, zniszczycie całą jego dobrą pracę i otworzycie wasze drzwi istotom mrocznym, co może on zrobić?

Ten kto chce naprawdę poczynić postępy na drodze ewolucji powinien więc zacząć od rozwinięcia swojej wrażliwości na świat niewidzialny. Lecz to jedynie wstęp, gdyż nie wystarczy uznać istnienie istot i prądów, które zaludniają przestrzeń, lub które mieszkają w nas, trzeba zmusić się do podjęcia z tymi istotami i prądami konstruktywnej pracy. A tak, to wszystko jest dla was nowe, nieprawdaż? Dbacie, by czynić porządek wszędzie na planie fizycznym, w waszym domu, w waszym miejscu pracy, a nawet w waszym wyglądzie zewnętrznym, i bardzo dobrze, ale wewnętrznie, w waszych myślach, waszych uczuciach, panuje chaos, ponieważ nie wierzycie, że te myśli i uczucia należą do świata, który rzeczywiście istnieje, i nad którym trzeba pracować, aby go uporządkować, zharmonizować i upiększyć.

Czegoż nie czynimy dla tego co niewidzialne? A przez ten czas niewidzialne jest tam całkowicie porzucone. No cóż, odtąd należy zmienić podejście: świat niewidzialny jest rzeczywistością, i to rzeczywistością ważniejszą niż świat widzialny, to właśnie nim należy się zatem zająć.

I kiedy koncentrować się będziecie na tej pracy wewnętrznej, poczujecie, że wszystko to, co właśnie przeżywacie czystego, świetlistego, łączy was z innymi egzystencjami, innymi prądami, aż do nieskończoności. Dopóki będziecie skupiać waszą uwagę jedynie na świecie widzialnym, materialnym, będziecie się ograniczać, zubażać, i materializować. Natomiast pracując nad światem niewidzialnym, który jest bogactwem, który jest bezmiarem, połączycie się z wszystkimi tymi siłami twórczymi, wszystkimi istotami świetlistymi, które krążą wśród gwiazd, konstelacji, wszystkich światów, które zaludniają kosmos, i posmakujecie boskiego życia.

2

Ograniczone postrzeganie intelektu, nieograniczone postrzeganie intuicji

Części 1

Wszystkie stany, które przybliżałyby świat duchowy większość ludzi odrzuca jako nienormalne czy nawet niebezpieczne; wolą mieć zaufanie tylko do intelektu. Tu przynajmniej jest sens, ma się głowę na karku.

Kiedy profesor wyjaśnia wam problem posługuje się schematem, rysunkiem dzięki któremu krok po kroku unika się niebezpieczeństwa pomyłki. A jednak wykresy, schematy, zamierzone argumenty nie są dość jasne by nie pozwolić profesorowi na popełnienie pomyłki w tych okolicznościach! Ponieważ intelektualiści przeprowadzają dowody z taką ostrożnością, dyscypliną, obiektywizmem, jeśli dotyczy to ich pracy, iż kiedy raz odrzucą te prace, uważają za normalne kierowanie się subiektywizmem, a nawet dopuszczeniem bałaganu i zakłócenia uczuć.

Byłoby nawet wówczas dobrze zwątpić i podejść bardziej intelektualnie. Ale nie, oni wolą wątpić w wrażenia niebiańskie, boskie, harmonie i wrażenia, te, które nie zakłócają, nie wnoszą żadnych elementów trujących do wnętrza człowieka. Jaka dziwna mentalność!

Studiując statystyki zobaczy się, iż to wśród intelektualistów znajduje się najwięcej niezrównoważonych i chorych umysłowo, ponieważ intelekt nie chroni ludzi przed problemami psychicznymi, nawet przeciwnie. Życie nie polega wyłącznie na obserwowaniu, mierzeniu, liczeniu, ludzie nie są maszynami i żeby sprostać trudnościom i problemom życiowym, żeby nie zburzyć i nie zniszczyć przez namiętność i odkryć właściwą istotę rzeczy intelekt nie wystarczy.

Oczywiście tak jak niektórzy nazywający się duchowymi, mistycznymi w rzeczywistości są dziwnymi ludźmi: niezrównoważonymi, fanatycznymi, a intelektualiści według nich wyciągają wnioski na temat wszystkich ludzi duchowych i mistyków. Ale nie jest to uczciwe. Prawdziwi mistycy są ludźmi rozumnymi: ich zwyczaje, ich gesty, ich spojrzenia, słowa i myśli, wszystko jest uporządkowane, zharmonizowane. Dlaczego trzeba sobie wyobrażać, że świat duchowy, świat boży wydaje tylko ludzi, którzy tracą głowę i wyobrażają sobie, iż bezpośrednio widzą Pana albo iż są Chrystusem, świętą Panną, czy Joanną d' Arc itp.? Wielu żeby ujść mozolnej pracy wolą stawać się wysuszonymi intelektualistami. Rzeczywiście jeśli pozostawi się ich w życiu duchowym bez przewodnika, bez wytycznych mogą stać się niezrównoważonymi; co zdarzyło się wielu i można nieco zrozumieć, iż w takich przypadkach niektórzy wątpią w mistycyzm. Jednak danie wyższości intelektowi nie jest też rozwiązaniem.

Intelekt jest zdolnością, która rozwija się w człowieku według serca, uczucia, pozwalając mu obserwować, rozważać, rozumieć i daje mu olbrzymie możliwości do pracy i rozwoju. Można powiedzieć w pewnym sensie, iż intelekt jest zdolnością wiązania oczu, to jest już trochę zrozumiałe. Ile razy zdarza się, iż aby powiedzieć: „rozumiem" mówi się „widzę".

Natura pracowała miliony lat nad rozwojem intelektu, ale to nie on jest przeznaczony do powiedzenia ostatniego słowa: natura przewidziała rozwój w człowieku jeszcze wyższych zdolności. Intelekt jest ograniczony; żeby sądzić, wyciągać wnioski trzeba opierać się na obecności rzeczy i na częściowym spojrzeniu, które się ma.

Tak więc intelektowi brak jest całościowej znajomości, nie może także mieć znajomości wewnętrznej. Dlatego nie pozwala człowiekowi wyrażać się poprawnie o ludziach i sytuacjach. Stąd wynikała niezliczona ilość błędów i nieporozumień. Oczywiście gromadząc przez długi czas wiele elementów można mieć wrażenie całości, ale na jak długo to starczy? A zawsze znajdują się elementy bardziej subtelne, niewyczuwalne, których intelekt nie może uchwycić. Kiedy spotykacie kogoś nie możecie odkryć od razu wszystkich błędów, rodzaju wartości, cnót. Trzeba przebywać z nim dłużej, żeby się o tym dowiedzieć. Jedynym sposobem, żeby odkryć od razu człowieka w całości jest rozwinięcie intuicji, która jest przejawem ducha. Intuicja nie potrzebuje żadnych elementów, żeby osądzić: ona zgłębia natychmiast serce człowieka oraz inne rzeczy i przejawia się bez pomyłki. Nic się przed nią nie ukryje, ona sama może poznać całą rzeczywistość.

Jeśli Inteligencja kosmiczna dała ludziom intelekt to po to, żeby nim się posługiwać; niestety pozbawiają się oni możliwości wykorzystania go i poznania jego subtelności. Tak jak są oni niezdolni do wykorzystania swoich zdolności psychicznych, żeby zgłębić anatomię i psychologię ciała fizycznego i są zmuszeni do przeprowadzania analiz. Powiecie: „Jak to? Można poznać anatomię i psychologię człowieka i zwierząt bez analizy?" Tak. Skonstruowano różne rodzaje doskonałych aparatów, aby zobaczyć wnętrze ciała fizycznego... Wiele razy już wam mówiłem: wszystko, co człowiek skonstruował jako aparaty jest tylko odpowiednikiem na planie fizycznym aparatów psychicznych i duchowych, które istnieją już w nim i jest on zmuszony zbudować je na zewnątrz siebie, bo nie może ich odkryć by funkcjonowały w nim. Czy to jest teraz jasne? Ponieważ ludzie nie potrafili odkryć i poznać materii za pomocą swoich uzdolnień intuicyjnych, naukowcy są zmuszeni je odszyfrować. Dokładnie tak samo jak dziecko, które bada jakiś przedmiot, żeby dowiedzieć się co jest w środku. Oto jak nauka, wierna swoim odkryciom zachowała w rzeczywistości mentalność infantylną.

Można posługiwać się tylko pięcioma zmysłami więc intelekt jest uprzywilejowany, ale niezwykle ogranicza ludzi. Żeby poznać wszechświat, słońce, planety, a nawet centrum ziemi i głębie oceanów trzeba skonstruować różne rodzaje przyrządów, a jednak urządzenia nie są wystarczające i niezliczone odkrycia są chybione… a nawet, jeśli się uda dosięgnąć miejsc dalekich w przestrzeni, trzeba wielu lat i nie przynoszą one rezultatów normalnemu życiu ludzi. Oto jeszcze inna niemożność! Podczas gdy w sensie świata duchowego natychmiast można zgłębić jakiekolwiek miejsce w przestrzeni i wszystko poznać.

Człowiek powinien stawać się stopniowo coraz bardziej świadomy, iż ma do swojej dyspozycji instrumenty o wiele doskonalsze niż intelekt i w przyszłości nauczyć się pomijać intelekt i uważać go tylko jako instrument do pracy i wykorzystywania materii. Także w życiu codziennym intelekt nie powinien nas prowadzić: wskazuje on nam zawsze błąd, nie tylko dlatego iż wskazuje rzeczywiście na częściowe rozwiązanie, ale przede wszystkim bo na dnie wszystkiego, co przedstawia znajduje się ukryta siła, zysk, egoistyczny rachunek, który zawsze kończy się kłopotami. Intelekt nie jest dany ku szlachetności, samozaparcia, wyrzeczenia, nie został po to stworzony, potrafi tylko obrócić sytuację na swoją korzyść. Jeśli pewnego dnia pozwoli sobie na jakieś poświęcenie, jakąś szlachetność, już nazajutrz tego żałuje i uważa że szkoda iż był tak głupi i posłuchał rady serca lub duszy.

A w jaki sposób braterstwo zrealizuje się między ludźmi, jak ziemia stanie się jedną rodziną, jak cały świat będzie żył w szczęściu, tego także intelekt nie jest w stanie spostrzec i zrealizować.

On nie może wznieć się na tyle wysoko, aby od-kryć prawdziwe sposoby i środki, prawdziwe roz-wiązania. To, co on sobie wyobraża, co proponuje począwszy od swojej niekompletnej i egocentrycznej wizji rzeczy jest zawsze wadliwe i może prowoko-wać tylko nieszczęścia. Nigdy nic nie jest uregulo-wane, wyłaniają się ciągle nowe problemy. Intelekt nigdy nie stanie się doskonałym instrumentem, po-nieważ regiony w których pracuje, te z dziedziny zwykłego myślenia i uczuć są pokryte pyłem i mgłą. Jasna strona rzeczy nie jest mu dana i jeśli absolutnie go się nie pominie bez poszukiwania w górze innych instrumentów, innych zdolności, które Bóg nam dał, nigdy nie znajdzie się najlepszych rozwiązań.

Nadejdą chwile, które pozwolą wam nie oszukać się przez działanie intelektu, ale przyjąć istnienie w was ciała duchowego, studiowanie jego różnic, możliwości i wreszcie pracy nad rozwojem intuicji to znaczy wyższej inteligencji planu kauzalnego, który nie ma żadnej siły egocentrycznej, ale zawsze cel heliocentryczny, teocentryczny. W tym momencie zamiast robić wszystko dla własnego zysku zacznie-cie służyć Bogu. To nie Bóg potrzebuje żeby tak się stało: On jest tak bogaty i wszechmocny iż nie po-trzebuje żeby dla niego pracowano. Ta praca jest potrzebna dla nas, ponieważ pozwala zmienić punkt widzenia, orientację i to my odnosimy z niej korzyści i to w nas następuje poprawa. Jeśli cała energia skupi się na innym centrum niż my sami, wszystkie proce-sy i działanie wibracji zmienia się i zamiast pozosta-wać przyćmionymi staniemy się świetlistymi, pro-mieniującymi.

W istocie, powtarzam, iż nie dotyczy to usuwania aktywności intelektu. Bóg chciał, żeby człowiek rozwijał wszystkie możliwości mózgu i dlatego zszedł do materii, żeby ją zgłębić. Ale w tej inwolucji pięć zmysłów otrzymało takie znaczenie iż ludzie zagubili wyobrażenie Nieba, nie łączą się z świetlistymi istotami, nie myślą już o nich, nie czują już więcej ich obecności. Jednak to zejście w materię pozostanie nadzwyczajnym nabytkiem dla ludzkości ponieważ plany Wieczności obejmują doskonalenie ludzi i przeprowadzają ich przez materię, przez przepaści przez choroby i śmierć, żeby powrócić do życia, do zmartwychwstania, do światła, do absolutnej wolności, aby poznali Stwórcę. Ten postęp już się rozpoczął, prądy z Nieba stały się silniejsze i coraz bardziej liczne, świetliste dusze będą się inkarnować: filozofowie, artyści, naukowcy będą wypowiadać się inaczej, stwarzać nowe dzieła, ogłaszać nowe wartości, przyniosą nową wizję świata, aby przyszła na całą ziemię nowa kultura, która ustanowi Królestwo Boże. Lecz aby to miało miejsce trzeba nauczyć się pracować z bardzo doskonałymi aparatami, którymi są organy ciała kauzalnego, byddycznego i atmicznego w sensie pracy z duchem ponieważ on sam może przyjść w kontemplacji i przyjęciu rzeczywistości świata bożego.

Części 2

Większość ludzi dopuszcza istnienie uzdolnień mentalnych ponad rozważaniem, rozumowaniem: intuicji. Ale to czym jest rzeczywiście ta zdolność i jak ona działa nie jest to dla nich zupełnie jasne. Żeby zrozumieć naturę intuicji trzeba zwrócić się do schematu obrazującego różne ciała człowieka, który dają Hindusi:

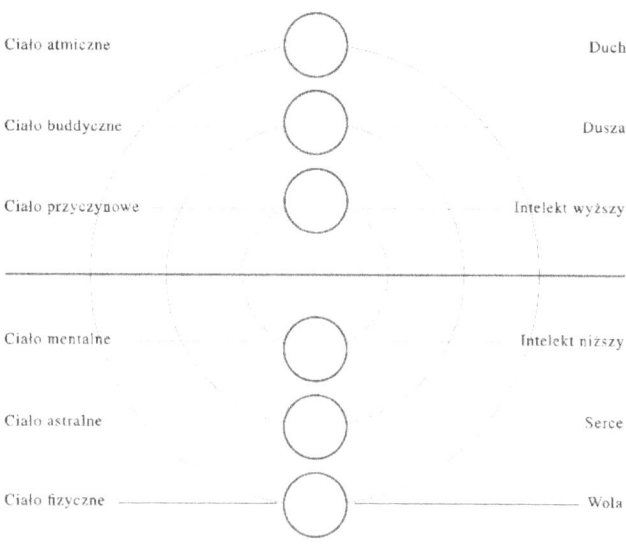

NATURA WYŻSZA

Ciało atmiczne	Duch
Ciało buddyczne	Dusza
Ciało przyczynowe	Intelekt wyższy
Ciało mentalne	Intelekt niższy
Ciało astralne	Serce
Ciało fizyczne	Wola

NATURA NIŻSZA

Dla Hindusów ciało fizyczne jest zamieszkałe i ożywiane przez różne ciała subtelne: ciało astralne noszące emocje, uczucia; ciało mentalne noszące konkretne idee to znaczy w odniesieniu do materii; ciało kauzalne lub ciało mentalne wyższe, które pozwala człowiekowi na zrozumienie subtelnych prawd, tajemnic wszechświata; ciało buddyczne noszące jak ciało astralne emocje i uczucia, ale boskie: miłość uniwersalną, samozaparcie, poświęcenie; w końcu ciało atmiczne noszące iskrę nieśmiertelności, która jest wszechmocą Boga.

Pierwsze trzy ciała: fizyczne, astralne i mentalne są mniej więcej jednakowo rozwinięte u wszystkich ludzi. Ale dla trzech ciał wyższych tak nie jest, jest między nimi duża różnica. Tylko niektórzy filozofowie, niektórzy ludzie duchowo rozwinięci dosięgają do wyższego planu mentalnego, albo zaczynają żyć w subtelnym rejonie światła. Mózg tak się udoskonala, iż budzą się nowe centra dzięki którym mogą oni uchwycić realność rzeczy. I to jest świat intuicji. Intuicja jest wizją, błyskawicznym odbiorem, uchwyceniem natychmiastowym, całkowitym i prawdziwym świata realnego, umieszczonego ponad samym planem mentalnym, ponieważ w plan mentalny wślizgują się jeszcze błędy i iluzje.

Do tego świata intuicji można dosięgnąć tylko poprzez praktykowanie najwyższej duchowości. Trzeba mieć wyższy ideał, a przede wszystkim Mistrza, aby być prowadzonym tą trudną drogą, a w końcu trwałą wolę by niestrudzenie praktykować ćwiczenia aż do momentu kiedy będzie się dość rozwiniętym, żeby uchwycić realności regionu subtelnego.

Intuicja jest formą inteligencji bardzo różnej od zwykłej inteligencji. Ci, którzy pracują intelektualnie, oczywiście z pewnym zrozumieniem rzeczy dochodzą prawie do dotknięcia świata intuicji, znajomości natychmiastowej i całkowitej; muszą jednak całe lata pracować, rozmyślać i liczyć, żeby coś odkryć. Podczas gdy ci, którzy wybrali drogę duchową mogą bezpośrednio podłączyć się do regionów subtelnych. Muszą jednak przestać żyć w zgiełku, emocjach i namiętnościach, które przeszkadzają im w jasnym widzeniu i uporządkowaniu ich istoty. W tym pokoju i harmonii mogą osiągnąć region intuicji, upodobniają się do przeźroczystej powierzchni jeziora, w której całe Niebo się odbija.

Powiecie: „A więc do czego służy intelekt?" Intelekt jest niezwykle potrzebny, ponieważ pozwala wam na przebycie dużej części drogi. Tak, ale dochodzi się do pewnego ograniczenia, on was opuszcza i nie może was dalej prowadzić, mówi wam: „To jest region gdzie nie mogę już cię prowadzić: nie możliwe już iść dalej; doprowadziłem cię dotąd, teraz to inne siły, inne uzdolnienia, inne istoty cię wezmą, aby pokazać ci drogę. „Popatrz, to jest dokładnie jak podróż: zaczynasz, na przykład wsiadasz do auta, żeby zajechać prosto na dworzec. Zajeżdżasz do pewnego miejsca, i nie możesz już jechać dalej, musisz przesiąść się na statek. W pewnej chwili czeka cię samolot i hop podróżujesz w powietrzu. A więc zrozumieliście, intelekt prowadzi was tylko w pewnej części drogi wewnętrznej, którą musicie przebyć.

Intelekt jest instrumentem najbardziej potrzebnym, żeby przygotować kondycję, otworzyć drogę, ułożyć rzeczy czekając, aby ukazała się intuicja. Pomaga wam czuwać, kontrolować to, co się dzieje w waszych głowach, sercu, eliminować negatywne myśli i uczucia, a przeciwnie zachowywać myśli i uczucia konstruktywne, korzystne i wzmacniać je. Kiedy w ten sposób wprowadzicie w siebie pokój i czystość, które są warunkiem niezbędnym, żeby wejść w kontakt z Niebem, przyjdą inne prądy, aby was zabrać w region boski nieskończonego światła i absolutnej wiedzy i natychmiast będziecie mieli odkrycie. To właśnie jest intuicja: iskra, pojawienie się światła, wiadomość, którą chwyta się z wnętrza bez zdania sobie sprawy skąd i jak ona się pojawiła; ale czując absolutną pewność, że jest tak a nie inaczej. Prawda, wiedza, którą się otrzymuje przez intuicję są bezbłędne, bez możliwości błędu.

W ten sposób intuicja jest wyższa od intelektu; ona ma– jeśli chcecie – taką samą szybką i bezbłędną precyzję jak komputer w porównaniu z mózgiem. Oczywiście mózg jest wyższy: on skonstruował komputer, powierzył mu potrzebne dane, wyłącza i kontroluje jego funkcje i odpowiedź urządzenia będzie zawsze na miarę inteligencji człowieka, który wypełnił dane; a jako że ta inteligencja jest ograniczona, odpowiedź także będzie ograniczona. Jeśli jednak chodzi o szybkie wykonanie rachunku, albo operacji całościowej komputer da wam odpowiedź prawidłową w kilka sekund a mózg musiałby poświęcić na to rozwiązanie wiele godzin lub kilka dni.

Podałem ten przykład komputera jedynie jako obraz, żeby wam pokazać, iż intuicja także daje wam odpowiedź w jednej sekundzie nawet gdybyście nie wiedzieli dlaczego jak i w jaki sposób istoty niebiańskie, które wam odpowiedziały lub chciały to zrobić. To tak jakby istniał w was człowiek, który wam się przygląda i jest zdolny zgłębiać rzeczywistość rzeczy i zawiadamiać was o tym co spostrzega biorąc pod rozwagę nie tylko elementy planu fizycznego, ale wszystkich elementów niewidocznych i subtelnych, które uchodzą zrozumieniu człowieka. W ten sposób intuicja jest zjawiskiem wyższego porządku niż intelekt; można się wznieść do tego regionu tylko przez medytacje, wytrwałą pracę i modlitwę. Kiedy już osiągnęliście wprowadzenie w was porządku i pokoju, całe Niebo przychodzi, żeby odbić się na powierzchni przeźroczystej waszej świadomości.

Ludzie otrzymują w szkole instrukcje, które ich prowadzą do liczenia na intelekt bardziej niż na intuicję. To dobrze, lecz intelekt potrzebowałby tysięcy lat, aby dojść do widzenia, dotknięcia, zrozumienia rzeczywistości świata boskiego, albo istnienia istot niewidzialnych. Podczas gdy duch intuicyjny, istoty, które pracują według metod Wtajemniczonych nie potrzebują rozmyślania, poszukiwania przez wieki, żeby spostrzegać, odczuwać i dotykać rzeczywistość.

Dobrze jest codziennie praktykować świat intuicji. Dlatego jeśli macie do rozwiązania problem znajdźcie spokojne miejsce i skoncentrujcie się… Próbujcie wznieść się w myślach bardzo wysoko i kiedy poczujecie iż osiągnęliście już pewien punkt, postawcie sprawę, która was zajmuje i czekajcie spokojnie: będzie odpowiedź. Zależnie od stopnia waszego rozwoju, według waszej pracy ta odpowiedź do was przyjdzie bardziej lub mniej jasna; będzie to być może doznanie mgliste, trudne do interpretacji, ale będzie to już wskazówka. A więc nie poddawajcie się, rozpoczynajcie łączenie się ze światem światła, postawcie pytanie: za jakiś czas poczujecie w was jasność, pewność i w tym momencie bez wątpienia będziecie wiedzieli jak postąpić. Im bardziej jest człowiek rozwinięty tym otrzymana odpowiedź jest jasna i precyzyjna.

Niektóre osoby mają dar jasnowidzenia, widzą formy, kolory, istoty, ale nie jest to jeszcze dojście do stopnia najbardziej wzniosłego. Najwyższym stopniem jest uchwycenie, zrozumienie rzeczy przez intuicję bez jakichkolwiek form, światła, niczego. Wie się z natychmiastową i absolutną pewnością. Iluż ludzi widzi formy, kolory ale nie umie ich poprawnie zinterpretować! A więc do czego służy to jasnowidzenie? Intuicja jest połączeniem inteligencji i wrażliwości ona daje nam poznanie całkowite i w tym sensie przewyższa jasnowidzenie, ponieważ jasnowidzenie nie jest niczym innym niż widzeniem obiektywnej strony planu astralnego lub mentalnego: widzicie i jesteście przerażeni albo zachwyceni odczuwacie sferę uczuć, ale bez posiadania znajomości ani zrozumienia.

Prawdziwie uduchowiony człowiek nie zajmuje się nawet tym, co widzi w planie astralnym, nie pracuje w tym celu ale sięga ponad to, chce otrzymać odpowiedź wyższą. Kiedy otrzymuje tę odpowiedź intuicyjnie, tak, może powrócić w rejony jasnowidzenia lub jasno słyszenia. Najpierw musi zobaczyć cel najbardziej wzniosły. W przeciwnym razie te wizje, te obrazy fruwające uczepią się go, zatrzymają i przeszkodzą w dalszej drodze ponieważ jest to świat wyjątkowo nieokreślony i zmieszany. Można w nim znaleźć obrazy tak straszne, iż nie można ich łatwo przekroczyć żeby pójść wyżej; jest się zmuszonym zatrzymać w drodze; jest się prawie spętanym w swoim rozwoju. Dlatego jeśli nie ma się możliwości schronienia przed niebezpieczeństwem lepiej przejść szybko te regiony z zamkniętymi oczyma i zacząć prace nad intuicją.

Istnieją liczne metody rozwinięcia intuicji: można prowadzić ćwiczenia koncentracji, wizualizacji, kontemplacji. Możecie także skupiać się na waszej wyższej jaźni i wyobrażać sobie, że porozumiewacie się z wszystkim co ona widzi, wszystkim co ona wie. Ale jeszcze raz: sposobem najbardziej skutecznym, najmniej niebezpiecznym jest pracowanie nad bezinteresownością i czystością. Uważajcie by nigdy nie być stronniczym, nie działać interesownie, bo tylko pod tym warunkiem wszystko, co wam przeszkadza w jasnym spojrzeniu zniknie i będziecie mogli poznać rzeczy i ludzi w ich realności.

3

Dostęp do świata niewidzialnego:
od Jesoda do Tifereta

Części 1

Istnieją różne drogi, aby przeniknąć do świata niewidzialnego. Medytacja wraz z modlitwą jest jedną z najbardziej dostępnych, lecz medytacja wymaga przygotowania. Ten, kto chce medytować jeszcze zanim osiągnie dyscyplinę wewnętrzną zaczyna od błądzenia w niższych regionach planu astralnego, gdzie porusza po drodze wszelkiego rodzaju mroczne warstwy zamieszkałe przez istoty, które są często wrogie ludziom i w ten sposób staje się ofiarą dziwnych wizji, które nie mają nic wspólnego z obiektem jego medytacji.

Medytację należy rozpocząć od uporządkowania swojego stanu psychicznego, inaczej nawet tak przydatne i dobroczynne ćwiczenie może stać się niebezpieczne. A osoby, które mają zdolności medialne są tu szczególnie narażone. Nie wolno porywać się na pójście drogą duchową bez zachowania ostrożności. Człowiek dążący do duchowości musi uspokajać, oswajać, kierować wszystkie skłonności ku sobie, mieć za jedyny cel doskonalenie się, osiągnięcie mądrości, czystości, poznanie prawdy. Ten wyższy cel jest jak kamerton i w momencie, gdy wszystkie cząsteczki jego istoty dostrajają się z tym kamertonem, wibrują w harmonii, a doświadczenia, które ma on w świecie niewidzialnym są rzeczywiście korzystne. Inaczej, duchowość staje się ryzykowną przygodą. Nie powinniście wyobrazić sobie, że wchodzimy do świata niewidzialnego jak do wiatraka; ten świat jest terytorium niezliczonych stworzeń, które nie pozwolą wam spacerować u nich jak wam się podoba. To dokładnie tak, jak gdybyście się zdecydowali pójść na spacer w jakichś dzikich lasach: będziecie narażeni na ataki zwierząt, drapieżników, węży, jadowitych owadów, które się tam znajdują, … i jeśli nie umiecie się bronić, jesteście zdani na ich łaskę.

Powiecie: „Ale jak to? W chwili, gdy chcemy nawiązać kontakt z Niebem, nasze doświadczenia mogą być dla nas jedynie zbawienne!". Nie, wszyscy ci, którzy chcą przenikać do świata boskiego, nie będąc uprzednio przygotowanymi, narażają się na ryzyko: istoty świetliste nie mogą znieść wtargnięcia osób, które próbują wejść do nich przynosząc wszystkie odpady i wyziewy ziemskie, zatem zaczynają ich wypierać i wypowiadać im wojnę. Nie czyńmy przemocy w świecie duchowym. Jeśli chcecie zbliżyć się do istot niebieskich, powinniśmy się przygotować przyjmując nabożną postawę: spytajcie te wzniosłe istoty o pozwolenie na zgłębianie ich regionu, aby podziwiać jego piękno, jego czystość i sławić Pana; wówczas tak, zdobywacie ich przyjaźń i nie jesteście ani odtrąceni, ani pokonani.

Niestety ludzie, którzy są przyzwyczajeni by nic nie respektować, aby ukazywać się powierzchownymi, brutalnymi względem tych, których spotykają – wydaje im się, że tylko w ten sposób odniosą sukces w życiu! – utrzymują to samo nastawienie względem duchów świetlistych. Zamiast zrozumieć, iż lepiej jest spróbować zdobyć ich przyjaźń i ich zaufanie poprzez pokorę, szacunek, praktykowanie cnót, za wszelką cenę próbują oni narzucać się myśląc, iż tacy jacy są, takimi się prezentują i Niebo powinno ich zaakceptować. O nie, nie tak sprawy się mają, Niebo ich nie akceptuje. Zatem, uwaga, ponieważ jeśli zostaniecie odepchnięci z terytorium duchów świetlistych, znajdziecie się w miejscu należącym do duchów mrocznych, które będą bardzo zadowolone mając smaczną zdobycz do przegryzienia, a wy będziecie ich ofiarami.

Studia nad drzewem sefirotów, które reprezentuje różne regiony wszechświata, jak również różne regiony psychiki człowieka, pomogą wam lepiej zrozumieć drogę, którą musi podążać ten, kto chce mieć dostęp do świata niewidzialnego. Pierwsza sefira zaczynając od dołu to Malkut, reprezentuje on plan fizyczny, materialny, Ziemię. Kolejno za Malkutem znajduje się Jesod, region księżyca, a dalej Tiferet, region słońca; opuszczając Malkuta, wychodzimy z planu fizycznego, aby wejść na plan psychiczny: Jesod. Tak, Jesod to początek życia psychicznego i jako taka reprezentuje postęp, w porównaniu z Malkutem, planem fizycznym.

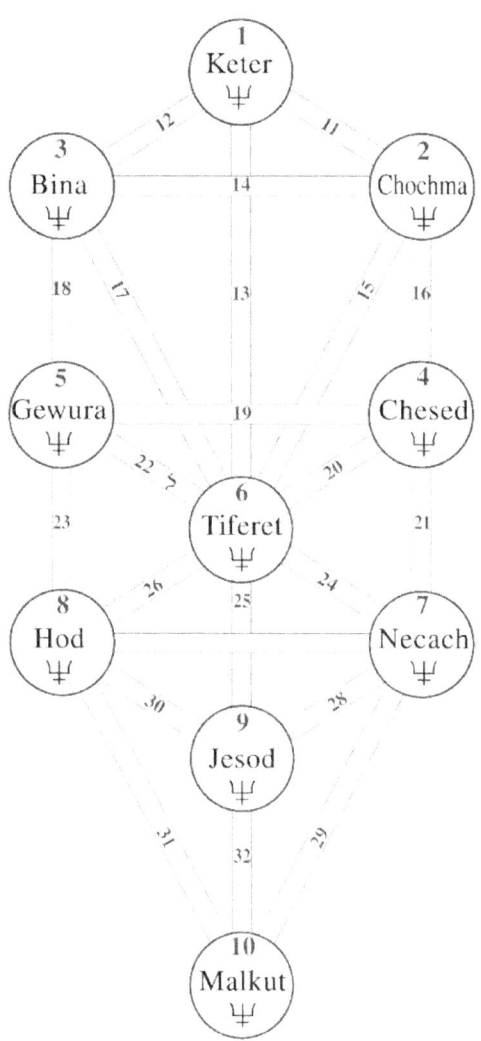

Drzewo sefirotów

Lecz życie psychiczne składa się przede wszystkim z regionów mglistych, form niewyraźnych i nieokreślonych: taka jest część niższa Jesoda, która nie została jeszcze nawiedzona przez światło Tiferetu, słońca, rozumu, ducha.

Jesod jest regionem o wiele bardziej subtelnym niż Malkut, lecz część najbliżej Malkuta jest jeszcze zbyt wilgotna, zbyt mglista, zbyt zakurzona, to region iluzji, błądzenia. Trzeba więc przebyć go szybko, aby iść dalej, aż odkryjemy świat jasności; Tiferet, to region słońca: to tam rozpoczyna się prawdziwa podróż duchowa. Wielu rzekomych spirytualistów, jasnowidzów i mistyków brnęło przez niższe strefy Jesoda; brakowało im wiedzy, która pozwoliłaby im przebyć te regiony i znaleźć jasność; dlatego wielu źle skończyło.

Wszyscy ci, którzy chcieli penetrować świat duchowy bez przygotowania znaleźli przed sobą tę straszną istotę, którą Wiedza Inicjacyjna nazywa Strażnikiem Progu. W rzeczywistości, ta straszna istota znajduje się w nich samych. Powstała na skutek nagromadzenia wszystkich ich niższych skłonności, pożądania, zmysłowości, agresji, itd., zagradza im drogę, nie pozwala im wkroczyć do tych regionów, dopóki nie uzyskają prawa, by tam wejść.

W swojej powieści „Zanoni" Bulwer Lytton opowiada o doświadczeniach ucznia Glyndona, który niecierpliwie pragnie dostępu do tajemnic, mimo że nie jest na to dostatecznie przygotowany i łamie rozkazy swojego Nauczyciela Mejnoura: wdycha eliksir, który powinien dać mu wiedzę i nieśmiertelność. Po kilku sekundach ekstazy, obserwuje on pojawienie się ohydnego potwora, Strażnika Progu i upada tracąc przytomność. Przez lata prześladuje go ta straszliwa wizja, porzuca on swoje prace i błąka się nieszczęśnik po świecie, nim w końcu Zanoni uwalnia go z tej udręki.

W rzeczywistości każdy musi pewnego dnia spotkać Strażnika Progu i stawić mu czoła: znajduje się on w dziewiątej sefirze, Jesodzie, gotowy by przerazić swoją straszną twarzą zarozumiałego adepta, gotowego zapuścić się w duchowe regiony bez wystarczającej pracy nad swoją czystością, opanowaniem, odwagą. Tylko uczeń uzbrojony w wiedzę, któremu udało się przezwyciężyć wszystkie niższe instynkty odniesie zwycięstwo nad Strażnikiem Progu. Jedno spojrzenie wystarczy: „Idź sobie", a on zniknie, zostawiając mu wolną drogę.

Części 2

W dniu, w którym słońce świeci, widzimy wyraźnie wszystkie przedmioty wokół nas: ich kształt, kolor, rozmiary, odległość, w jakiej się znajdują… Słońce króluje nad tym co czyste, przejrzyste i z tej jasności pochodzi dokładna znajomość rzeczy.

W nocy wręcz przeciwnie, nawet jeśli księżyc świeci, przedmioty są zanurzone w pewnego rodzaju półmroku, w którym wydają się inne niż w rzeczywistości: to co brzydkie, może wydać się piękne, to co piękne może wydać się zniekształcone. W tej niejasności, w tym wrażeniu, niemożliwy jest jasny obraz rzeczywistości. Za to istnieją niezliczone możliwości dla wyobraźni, która jest pewnego rodzaju postrzeganiem, ale postrzeganiem, które znajduje się poza planem fizycznym.

Słońce jest więc domeną wiedzy jasnej, rozumu; księżyc jest domeną wyobraźni, mediumizmu. W rzeczywistości księżyc ma wiele aspektów, lecz by ułatwić sprawę, wymienimy tu jedynie dwa: region mglisty, gdzie znajdują się iluzje, złudzenia, absurdy, szaleństwo i region jasny, gdzie znajduje się wyobraźnia poetycka, prawdziwe natchnienie. Wielu artystów dobrze czuje się po ciemnej stronie księżyca; czują się dumni wnosząc poprzez swoją twórczość element nierealności: sen, dziwność, fantastykę. Lecz ten świat niejasności i niedokładności, w którym się schronili, jest bardzo niebezpieczny i wielu z nich skończyło jako alkoholicy, szaleńcy lub też popełnili samobójstwo.

W miarę jak żyją i pracują na planie wyższym niż plan fizyczny – planie astralnym – można powiedzieć, że artyści są jasnowidzami i jest to oczywiście postęp, ale pod warunkiem, że nie pozostaną w stagnacji w tych niższych regionach; regiony te powinny być jedynie miejscami przejściowymi, należy je przebyć, aby móc iść wyżej i otrzymać wpływ słońca. Niestety, wielu artystów nie jest w stanie tego dokonać, lub – jeśli są – nie czynią żadnego wysiłku w tym kierunku: ich pisma, obrazy, muzyka wyrażają niższy plan astralny, ciemną stronę księżyca. Pomimo tego wyobrażają sobie, że darowują ludzkości skarby. Wcale nie, wpływają na nią bardzo źle, ponieważ nie są wcale oświeceni. Mają dar, talent, to oczywiste, lecz wewnętrznie nie posiadają elementów słońca, skłonnych jedynie poprowadzić istoty ku regionom, gdzie odnajdą pewność, pokój, światło.

Oczywiście nie można w pewien sposób uniknąć tych regionów planu astralnego: ponieważ są one również w nas. Są one także poza nami, ale jednocześnie są w nas. Jest dzień i jest noc, jest słońce i jest księżyc. Nie możemy wyeliminować ani nocy, ani księżyca, ale lepiej jest nie wystawiać się zbytnio na ich działanie. Księżyc należy studiować, ale temu, co on reprezentuje w nas samych jako filozofię, jako koncepcję i percepcję, nie należy ufać.

Zatem spróbujcie nie przywiązywać się do form sztuki, które powstrzymują was w ciemnym świecie, ponieważ nie pomogą wam one widzieć jasno, nie uczynią was lepszymi, a jedynie powstrzymają wasz rozwój. Oczywiście nie możemy zaprzeczyć, że świat ten pełen jest uroków, lecz ci, którzy pozwolą sobie tam się zatrzymać nie mogą iść dalej, zatrzymują się w rozwoju. Oto symboliczne znaczenie fragmentu „Odysei", gdzie Homer opowiada jak Ulises opływając wyspę syren nakazał zatkać woskiem uszy swych towarzyszy, aby nie zostali uwiedzeni przez te kobiety o melodyjnym głosie, które zawracały marynarzy z ich drogi, aby ich pożreć. Syreny są jednym z wielu symboli istot planu astralnego. Niech artyści nie pozostają ofiarami syren!

Tak jak Ulises, prawdziwy nauczyciel, znający rzeczywistość, stara się ostrzec swoich uczniów przed pułapkami planu astralnego i poprowadzić ich jeszcze dalej, jeszcze wyżej, aby odkryć jedyną rzeczywistość wartą trudu odkrycia: wspaniałość świata boskiego, Tiferetu, regionu słońca, gdzie wszystko staje się jasne i świetliste.

4

Jasnowidzenie: aktywność i pasywność

Ludzie coraz bardziej interesują się zjawiskami mediumizmu, jasnowidzenia, telepatią i chcą kształcić te zdolności, które wydają im się tak korzystne: poznać, zgłębić to, co jest ukryte. Tak, to jest korzystne, ale jednak ryzykowne. Dlaczego? Ponieważ aby stać się medium, czy jasnowidzącym trzeba przyjąć postawę z wielką pasywnością i wrażliwością, ponieważ mają tę wrażliwą postawę, gdyż widząc mogą być posłańcami niewidzialnego. Kiedy staje się zbyt wrażliwym jest się jak gąbka, przyswaja się wszystko to, co jest dobre i co jest złe.

Świat niewidzialny nie jest przestrzenią pustą i jest niebezpiecznie zapuścić się w te rejony bez uprzedniego przygotowania, gdyż nie są one zamieszkałe jedynie przez istoty świetliste, lecz także przez istoty szkodliwe i nieprzyjazne ludziom, które cieszą się wprowadzając ich w błąd albo prześladując. W niewidzialnym świecie błąkają się także straszne stworzenia wytwarzane przez myśli i uczucia przestępców i czarnej magii, które szukają gdzie mogłyby się wsunąć, gdzie znajdują się otwarte drzwi, to znaczy u wszystkich ludzi słabych i niezdolnych do obrony. W szpitalach psychiatrycznych znajdują się osoby różnego rodzaju, które pragną wejść w relacje ze światem niewidzialnym poprzez jasnowidzenie czy medium, które pozwalają się opanować przez mroczne istoty.

Kiedy się posiada pewne zdolności mediumiczne, które mają właściwości zasady żeńskiej, radzi się rozwinąć także właściwości męskie, aby posiadać broń obronną. Historia Średniowiecza zachowała nam wiele figur wróżek, proroków, sybilli i czarownic, które odgrywały ważną rolę. Ale te wróżki żyły zawsze obok wielkich kapłanów i Wtajemniczonych, którzy je ochraniali. Bowiem Wtajemniczony jest człowiekiem, który ma przede wszystkim rozwinięte wartości woli, opanowania, które są zasadą męską. Prawdziwy Wtajemniczony jest bardziej magiem niż jasnowidzącym, wybrał oddziaływanie na ludzi, elementy, siły natury. Ma on być może dar wrażliwości, ale ma przede wszystkim możliwość działania i dlatego jest swobodniejszy w tym działaniu niż jasnowidzący. Jako że jest aktywny, dynamiczny, siły, które wysyła opierają się grożącym mu niebezpieczeństwom. Doskonałość polega na rozwoju tych dwóch możliwości: być równocześnie wysyłającym i odbierającym.

Każdy może przyciągać tylko prądy i istoty odpowiednie do stanu w jakim się znajduje. To jest prawo: człowiek wchodzi w relacje z tym, co odpowiada jego wibracjom, jego aurze i jeśli nie jest czysty, świetlisty, silny, jest zmuszony doświadczać wszystkiego, co jest negatywne, niezdrowe, gwałtowne w otaczającej go atmosferze psychicznej.

Osoby podatne, pasywne jak medium są szczególnie narażone; dlatego radzę wam nie pozwólcie na rozwiniecie się w was tendencjom mediumicznym – jeśli je posiadacie – tak długo jak nie wypełniliście pracy oczyszczenia i wewnętrznego wzniesienia, które pozwoliłyby wam uodpornić się na atak ciemnych sił. Zróbcie najpierw wysiłek i wznieście się, żeby połączyć się ze światłem, by rozsiewać go wokół siebie: w chwili kiedy poczujecie, że osiągnęliście to i tylko w takiej chwili możecie się poddać, stać się podatnymi, bo będziecie ochraniani z powodu waszej przygotowawczej pracy, całego tego światła, którym promieniujecie, które odsuwa to, co jest niepożądane.

Ludzie bardzo wrażliwi są często bardzo słabi, ponieważ obok swojej wrażliwości nie rozwinęli obrony duchowej: nie potrafią, nie mogą walczyć. Iluż wierzyło, że wystarczy powierzyć się bardzo mglistym impulsom mistycznym, aby otrzymać Boskość. A więc wcale nie, jeśli się zadowala biernością, nie jest się pewnym, że to, co się otrzymuje to jest Boskość, a raczej jakieś diabły, które widząc człowieka tak miękkim, apatycznym i bez ochrony, cieszą się, że znaleźli miejsce do zamieszkania.

Cokolwiek chcielibyście przedsięwziąć, trzeba rozpocząć przez przygotowanie warunków. Kiedy chcecie wlać płyn do naczynia, nie wlewacie go do naczynia brudnego; jeśli jest brudne, myjecie je. Tak więc wy sami, jeśli jesteście naczyniem brudnym, myślicie, iż Niebo przyjdzie, by wlać błogosławieństwa, sądzicie, że Duch święty przyjdzie, by obrać sobie w was mieszkanie? Jak możecie mieć nadzieje, że Duch święty zgodzi się zamieszkać w bagnie? To, co przyjdzie to będą ciemne istoty, nieczyste, bo są przyciągane przez znajdujące się was pożywienie w formie namiętności, nieopanowanych instynktów. Oczywiście Duch święty może przyjść, tak, ale tylko w dniu kiedy przygotowalibyście mu w wysiłku pracy, godną dla niego siedzibę.

Niestety wie się, co zdarza się wszystkim tym ludziom, którzy chcą otrzymać Ducha świętego bez uprzedniego przygotowania, jakiego zamętu doświadczają. Duch święty odwiedza ich rzekomo, przewracają się dają kopniaki, wydają nieartykułowane okrzyki – to, co nazywa się „mówić w językach". Jaki obraz dają świętemu Duchowi! Nie jest to nawet pedagogiczne, skoro nie potrafią mówić w językach, które wszyscy rozumieją. To święty Duch jest być może wielkim poliglotą, ale pedagogiki mu brakuje, bo pedagog szuka przede wszystkim zrozumienia. Jak można sobie wyobrazić, że Duch święty, zasada kosmiczna wielkiej mądrości i mocy mógłby się manifestować w sposób tak śmieszny: rzucając ludzi na ziemię, żeby poprzez nich przemawiać? Kiedy mówicie do przyjaciela, waszego męża, czy żony, czy tarzacie się po ziemi rozkrzyczani, żeby ich przekonać? Nie? Więc dobrze. jesteście bardziej inspirowani niż wszyscy ci ludzie rzekomo odwiedzani przez Ducha świętego.

Jeśli chcecie prawdziwie porozumieć się z Niebem postarajcie się najpierw wspiąć się na szczyt waszego wewnętrznego życia. Pozostańcie tam najdłużej jak to możliwe, by zakosztować tego intensywnego życia, jak trudno jest znosić długo tę intensywność aż do chwili, kiedy będziecie mogli pozostać, pozwolicie się nieść przez światło, jakbyście mogli frunąć nad spokojnym morzem... już nie myślicie, już nie odczuwacie... Tam nie doścignie was żadne niebezpieczeństwo, to wasza dusza jest tam żyjąca, wibrująca, żeby przepoić się najczystszymi, najświetlistszymi elementami. I kiedy będziecie mogli powrócić do pracy codziennego życia, poczujecie, że te duchowe elementy całkiem się odnawiają i harmonizują w was. Wasze pragnienie pracy, pomocy innym, kochania ich, wzrasta i jest to odczucie, które się nie myli. Oto jak jest to proste, jasne.

5

Czy trzeba radzić się jasnowidzących?

Iluż ludzi wyobraża sobie, że duchowość polega niemal wyłącznie na czytaniu jakichś ksiąg okultystycznych, uczestnictwie w seansach spirytystycznych i zasięganiu informacji u jasnowidzów, aby ci odkryli ich przyszłość, czy ich życia poprzednie. Ach, ci jasnowidze zawsze się znajdą, roi się od nich. Jest ich tysiące, tysiące tych, którzy uważają się za media, tych wróżbitów super-jasnowidzących, którzy reklamują w gazetach swoje horoskopy, talizmany, swoją biżuterię, które wam mają przynieść wszystko: szczęście, bogactwo, miłość, powodzenie. Wierzę że na świecie istnieją wielcy jasnowidze, ale w większości lepiej mi o nich nie wspominać!

Nikt nie wierzy tak jak ja w jasnowidzenie i jestem szczęśliwy, że oficjalna nauka zaczyna przyznawać, iż istnieją na ziemi istoty, które posiadają zdolności percepcji ponadzmysłowej i to studiują. W rzeczywistości dla mnie kwestią jest nie to, czy wątpić czy wierzyć, lecz by znaleźć najlepsze metody pracy, aby zrobić postęp w życiu duchowym… Najlepsze, to znaczy: najmniej niebezpieczne, najbardziej efektywne, być może najbardziej rozciągnięte w czasie, lecz najbardziej trwałe. Niekorzystne jest to, że ludzie się śpieszą, nie mają ani cierpliwości, ani zaufania, aby angażować się w drogę świetlistą, dłuższą, ale bardziej pewną. Śpieszą się, chcą stać się jasnowidzami tak jak zostaje się manicurzystką czy pedicurzystką i gdy tylko osiągną jakiś mały rezultat, robią rozgłos wokół tego, aby przyciągnąć klientów i to w taki sposób wprowadzają wielu ludzi w błąd, ciągnąć korzyść z tego, że tłum nie pozna się na tym i we wszystko uwierzy.

Iluż mężczyzn i kobiet zdecydowało się uprawiać zawód jasnowidza, medium, ponieważ są niezdolni, by robić coś innego! Ja znam wielu takich. W ciągu lat widziałem ich jak próbowali jakiegoś zawodu, potem innego, a nic dobrze im nie wychodziło. Pewnego dnia dowiedziałem się, że stali się jasnowidzami, wróżami z kart, radiestetami… Byłem zdumiony. Żyje się byle jak, nie uprawia żadnej dyscypliny i jest się jasnowidzem! Pod pretekstem iż się udzieliło przez przypadek jednej lub dwóch prawidłowych odpowiedzi czy wyjaśniało sny z przestrogami, nazywa się siebie jasnowidzem! I w taki sposób pozostaje się nim! Ja nie mówię, że oni nie posiadają pewnych małych zdolności i jakichś niewielkich psychicznych darów, tak, nieco intuicji, nieco wrażliwości dla świata niewidzialnego i szczególnie wiele zręczności i tupetu. Zrozumieli, że ludzie mają potrzebę bycia uspokojonymi, raczonymi pochlebstwami i oni im mówią to, co chcą usłyszeć.

Czasami nawet nic nie widzą, ale żeby nie zawieść tych, którzy przychodzą się konsultować, żeby nie stracić swojego prestiżu, czy nawet po prostu, żeby nie stracić pieniędzy, udzielają niewyraźnych odpowiedzi, próbując się nie skompromitować. Niewielu jest wróżbitów szlachetnych, którzy powiedzą szczerze: „Przepraszam bardzo, dzisiaj nie mogę nic wam powiedzieć, nic nie widzę, przyjdźcie innym razem". Lecz nie, nie. Oni stwarzają pozory. Na początku ludzie oczywiście trochę wątpią w to, co oni im mówią. Lecz jakąż sprawia im przyjemność słuchanie tego czego pragną, o tym, że w końcu znajdą mężczyznę czy kobietę ich życia, otrzymają spadek czy usatysfakcjonują wszystkie swoje ambicje! Jeśli to jednak nie nadchodzi, nic nie szkodzi, zawsze mają nadzieję. Podczas gdy ci, którym on przepowie, że będą mieć do czynienia z trudnościami, poddani będą próbom, już nie mają chęci bycia konsultowanymi, nawet jeśli to się spełnia: mają wrażenie, że ten jasnowidz nie jest dla nich zbawienny i wracają do tego, który przepowiada im same sukcesy. Jeśli realizacja nie nadchodzi, idą znów go zobaczyć, żeby spytać co się stało. „To po prostu się tylko opóźnia z powodu tej a tej pozycji ciał niebieskich", mówi jasnowidzący, aby ich uspokoić, ale to nadejdzie, miejcie cierpliwość" … i w tym zawarta jest znów nadzieja, na nowo budzi się radość.

Ach tak, to tak jest… Więc kto jest winny? To pewne, że przede wszystkim ci, którzy idą radzić się jasnowidzów. Ponieważ mają taką potrzebę, żeby opowiadano im historie, wynajdą zawsze osoby bardzo dobre, dobroczynne, które czynią im tę łaskę, że im to opowiadają. Co do tych jasnowidzów, którzy pretendują do udzielania rad innym, odpowiadania na pytania dotyczące przeszłości, teraźniejszości i przyszłości i rozwiązywania tych problemów, dlaczego nie czują, iż ryzykują sprowadzanie ludzi z dobrej drogi? Jaka to odpowiedzialność! I dlaczego to robią? Dla pieniędzy? Dla prestiżu?... Więc powinni wiedzieć, że świat niewidzialny nie lubi takiego sposobu obchodzenia się z nim i będzie ich karał.

Powtarzam, iż ja nie zaprzeczam, że niektóre osoby mają ten dar, lecz on ich nie chroni przed słabościami, a tym bardziej nie osłania przed istotami mrocznymi, które nadchodzą odwiedzać właśnie wszystkich tych, którzy nie potrafią przeciwstawić się pokusom, oprzeć się żądzom. Można być jasnowidzącym i obok tego jawić się jako istota o wątpliwej moralności. Tak jak można również być poetą, muzykiem czy filozofem i żyć niemal jak zwierzę. Niektórzy mają dar jasnowidzenia, gdyż w poprzednim życiu musieli podejmować niezbędne wysiłki aby go osiągnąć, a obecnie zdają się kierować według ich niższych tendencji, a więc wszystko podąża na raz: ich słabości, ich ułomności i ich dar jasnowidzenia. Trwa to dopóty, dopóki tego daru nie utracą, podobnie jak utracą swoje dary: poeta, muzyk, czy filozof, wszyscy ci, którzy nie umieją pracować wewnętrznie, aby te zdolności podtrzymywać. Zresztą sam dar jasnowidzenia nie może być tak wybitny jeśli nie posiadają innych właściwości. A więc uwaga, jeśli już nieodzownie chcecie się radzić jasnowidzów, niech to nie będzie byle kto.

Obecnie, chciałbym waszą uwagę skierować na pewną rzecz: wielu ludzi idzie do jasnowidzów aby się konsultować i stawiają im pytania na które mogliby sami znaleźć odpowiedź, jeśli odwołaliby się do własnej inteligencji, osądu i zdrowego rozsądku. Ileż znaków jest tu przed nimi, w zasięgu ich oczu,

ale ich nie widzą, ale ich nie słyszą i aby coś wyjaśnić idą radzić się jasnowidzów, radiestetów
i wróżów z kart. Więc do czego się może przydać to,
że Bóg dał każdemu oczy, uszy, mózg, jeśli zawsze
się idzie pytać innych?

I zresztą dlaczego się idzie pytać innych? Żeby
poznać prawdę? Wcale nie, a nawet często wręcz
przeciwnie: żeby nabyć odwagi do powodowania zła.
Na przykład iluż żonatych mężczyzn i ileż zamęż-
nych kobiet, którzy pragną się rozłączyć ze swoim
małżonkiem, aby żyć z kimś innym, który im się
bardziej podoba, pójdzie konsultować się do jasno-
widzącej z nadzieją, że ona im powie: „Tak, tak dobrze robicie, to tam was spotka szczęście". I to zresztą najczęściej tak odpowiada rzekoma jasnowidząca.
Gdyby skonsultowali się z inną jasnowidzącą, taką
prawdziwą, jedyną, która widzi naprawdę jasno ich
wyższą naturę, usłyszeliby jak jej głos mówi: „Uwaga moje dziecko, opuścić rodzinę, to rzecz poważna,
masz wobec niej zobowiązania. Dobrze się zastanów,
być może pewnego dnia będziesz tego żałować".
Lecz oni nie mają żadnej ochoty słuchać tego głosu
wewnętrznego, oni wolą byle jaką obcą osobę pod
warunkiem, że doda im odwagi do satysfakcjonowa-
nia ich pragnień.

Niektórzy powiedzą: „Lecz my mamy potrzebę
konsultowania się z jasnowidzami, aby poznać naszą
przyszłość, gdyż nigdy się nie wie co przyniesie
przyszłość, a nas to niepokoi i dlatego tym się zajmu-
jemy". Zgoda, lecz żeby poznać waszą przyszłość
nie potrzebujecie jasnowidzów. To takie proste poznać własną przyszłość! Oczywiście, nie tą która

dotyczy zawodu, małżeństwa, zysku czy straty pieniędzy, które zresztą nie są tym co najważniejsze. Lecz, istotne jest wiedzieć czy zrobicie postęp na drodze ewolucji, czy będziecie wolni, szczęśliwi, w świetle, pokoju, czy nie; tu, tak, to jest łatwe i ja mogę wam to pokazać.

Jeśli posiadacie nieprzepartą miłość względem wszystkiego co jest wielkie, szlachetne, sprawiedliwe, dobre, jeśli pracujecie z całego serca, myślicie z całej siły, wysilacie całą waszą wolę, aby to osiągnąć i zrealizować, wasza przyszłość już jest wytyczona: będziecie pewnego dnia żyć w warunkach, które odpowiadają waszym aspiracjom, waszemu ideałowi. Oto co jest istotne, aby wiedzieć o waszej przyszłości. Cała reszta: posiadanie, sława, relacje z tym mężczyzną czy kobietą, a nawet zdrowie, jest sprawą drugorzędną, ponieważ to wszystko jest przejściowe, to może wam być dane i odebrane. Nie pozostanie wam żaden dzień prócz tego, który całkowicie odpowiada aspiracjom waszej duszy i waszego ducha.

Jeśli większość ludzi ma jedynie przeciętny los, to dlatego, że nie umieją utrzymać dla siebie dobrego ukierunkowania, oscylują między światłem i ciemnościami i ich przyszłość jest zawsze niepewna. Starajcie się od tej chwili kanalizować wszystkie wasze energie i kierować je ku światu świetlistemu harmonii, miłości: światu boskiemu. Jeśli nawet od czasu do czasu będą jakieś cienie, to nie będzie to długo trwało; w tej mierze jak zachowacie w swoim duchu dobre ukierunkowanie, nadejdzie dzień, gdy już nie zboczycie. Oto co jest istotne, ja nie zajmuję się niczym, co nie jest istotne; aby dowiedzieć się reszty, idźcie konsultować się w czym chcecie ale powiedzcie sobie, że nigdy to nie będzie najważniejsze.

W każdym wypadku wiedzcie, że nie osiągniecie niczego poza tym co uprzednio przygotowaliście. Tak, to jest matematyka. Jeśli macie na przykład trzy litery, a, b, c, ich kombinacje, które możecie zrobić są ograniczone: ab, ac, ba, bc, ca, cb. A więc sześć kombinacji, nie więcej. Jeśli masz taką właściwość czy taką wadę, taki talent czy takie braki, sytuacje, które będą tego rezultatem objaśnią nam kombinacje tych elementów, bez potrzeby uciekania się do poszukiwania czy oczekiwania czegoś innego.

W ten sposób wyjaśnia się zagadnienie łaski. Zagadnienie to, tak jak było prezentowane w religii chrześcijańskiej, nie wyjaśniało tego w ogóle. Ma się wrażenie, że to przez kaprys Nieba, niektórzy są nawiedzani przez łaskę, a inni nie, a to sprawia, że nigdy się nie wie dlaczego ani jak łaska może naznaczyć jednych a wzgardzić innymi i to stwarzało zamieszanie czy nawet wywoływało uczucie buntu między chrześcijanami. W rzeczywistości jednak łaska spada jednak na tych, którzy na to zasługują. Jednak to zagadnienie może być rozumiane tylko w świetle inkarnacji, to znaczy jeśli się doda, że każdy człowiek w tym życiu otrzymuje to, na co zasłużył przez swe postępowanie w poprzednich egzystencjach. Temu, który dał w poprzednim życiu dowody wytrzymałości, szlachetności, miłości, sensu ofiary, oczywiście niebo udzieli swojej łaski i powierzy mu wysokie misje.

Więc proszę, los ludzki rządzony jest przez ścisłe prawa, matematyczne. To należy rozumieć: wasza przyszłość zależy od ukierunkowania, które nadajecie obecnie waszemu życiu. Podobnie to, czym jesteście obecnie jest rezultatem tego co robiliście w przeszłości. To dlatego nie jest już tak bardzo użyteczne chodzenie do jasnowidzów, gdyż czego się spodziewacie dowiedzieć?... Niektóre osoby przychodziły mi zdawać relacje z tego co mówili jasnowidze, którzy ich informowali o ich przeszłości, a to już było głupie! Pewien łagodny, miły, skromny człowiek, który nigdy nie skrzywdził nawet muchy, dowiedział się, że był Napoleonem. O la la! Jaka szybka przemiana! A inny znów, jakże ograniczony intelektualnie-był Szekspirem… Choćbym chciał, to jest to nieco niewiarygodne. A zresztą, gdybyście poznali wszystkie osoby, które przyszły do mnie jako reinkarnacje świętych mężczyzn i kobiet, geniuszy, królów i królowych, faraonów, Wtajemniczonych! Wobec mnie także jasnowidze dokonywali swych objawień. Nie powiem wam tego, co wynaleźli na mój temat, lecz tylko to, że niektórzy posunęli się aż do odkrywania kto był moją żoną, matką, czy moim córkami z poprzednich żywotów. Niezwykłe jest w tym to, że obecnie nie czuję żadnego powinowactwa z tymi osobami, wszystko zapomniałem! Często także stawiam sobie pytanie: Dlaczego nie rozpoznaję moich krewnych? Miałem związki pokrewieństwa z pewnymi osobami o czym mi nikt nie mówił, że byli moimi rodzicami czy moimi dziećmi i oto nagle ktoś mi przedstawia tych innych mówiąc, że byli moimi synami, córkami, moją żoną, moją matką…

Tu jeszcze, nie zrozumcie mnie źle, nie chcę powiedzieć, że nie powinno się całkiem w nic nie wierzyć z tych rzeczy, nie, one są często częścią prawdy. Kiedy istota jest wrażliwa i psychicznie rozwinięta, chwyta pewne przekazy niewidzialnego, ale rzadko się zdarza, żeby się nie wkradł błąd w to, co wierzy że uchwyciła i w efekcie przedstawia wam zawiłą mieszaninę prawdy i fałszu. Aby wiedzieć czego się trzymać, należałoby mieć zdolność weryfikacji tego. Ale skądinąd, czy to wszystko jest naprawdę potrzebne? Czemu może służyć to, iż się wam odkryje waszą przeszłość? Jeśli byłoby to naprawdę pożądane, ja byłbym pierwszy chętny do czynienia tego. Otóż, właśnie tego nie robię. Oczywiście możecie pomyśleć, że nie jestem do tego zdolny, że brakuje mi umiejętności, które inni posiadają w stopniu doskonałym, więc myślcie co chcecie…

W każdym razie, nie jest to ani psychologiczne, ani pedagogiczne, aby ludziom mówić o ich inkarnacjach. Oczywiście nadejdzie moment w waszym rozwoju, że moglibyście się tym zajmować, lecz przede wszystkim należy być nieco bardziej rozwiniętym i panem samego siebie. Wyobraźcie sobie, że ktoś wam zdradza, że ten a ten w przeszłości był waszym największym wrogiem i właśnie to on was zamordował. Jeśli jesteście słabi, jeśli nie umiecie się kontrolować, co wam to przyniesie?… Więc to są niebezpieczne odkrycia, które niosą ryzyko niepokojenia was i budzenia w was pewnych uczuć, które utrudniają wasz rozwój. Jeśli byłoby to tak ważne, żeby rozpoznać swoje inkarnacje, dlaczego Opatrzność miałaby ukrywać je przed ludźmi? Jeśli ona sprawia, że się je zapomina, musi być w tym jakiś powód, czyż nie?... Po prostu, aby uniknąć nowych błędów.

Jeśli nie kwestionujecie zła, które wyrządziliście tej czy innej osobie, podtrzymujecie je, dopomagacie mu. Jeśli wiedzielibyście o tym to jak postąpilibyście? Wyobraźcie sobie też ojca i matkę, którzy dowiadują się, że ich dziecko było ich najgorszym wrogiem w innym życiu, jakaż to komplikacja! Jest więc dla nich lepiej nie wiedzieć tego i w ten sposób naturalnie kochają je, wychowują, spełniają wobec niego obowiązki, spłacają swoją karmę. Opatrzność chciała właśnie pozostawić ludzi w nieświadomości odnośnie pewnych sytuacji, aby się mogli oni lepiej wywiązywać z obowiązków jednych wobec drugich. Oczywiście, istocie bardzo rozwiniętej, prawdziwemu mistrzowi samego siebie, można wszystko ujawnić bez niebezpieczeństwa, lecz takie istoty są rzadkie.

Więc ja wam radzę: zostawcie wasze inkarnacje w spokoju, wasze odkrycia nic wam nie przyniosą. Szczególnie gdyby musiało się wam opowiadać, że byliście takim a takim świętym, tym a tym księciem, lub Wtajemniczonym, jak robią ci, którzy chcąc uzyskać nad wami przewagę i w taki sposób uzyskać waszą pomoc i pieniądze, posuwają się do tego, że wymyślają wam inkarnacje tak wspaniałe, iż jesteście olśnieni i … otumanieni! Tak, to w taki sposób się otumania ludzi. Jeśli im się opowiada podobne historie, to nie dla ich dobra, lecz aby uzyskać nad nimi przewagę. Jeśli chcecie naprawdę pomóc ludziom, należałoby raczej ujawniać ich braki, ich słabości, niż bałamucić zwrotem ku ich zaszczytnej przeszłości… a szczególnie zaś wtedy gdy naprawdę taką nie była. A nawet gdyby była taką prawdziwie, to ostatecznie istotne jest to, czym są teraz, a nie to kim byli w przeszłości. Dlaczego by się miało zawsze raczyć przeszłością? To teraźniejszość jest tym co ważne i w teraźniejszości zawsze są jakieś braki do uzupełnienia, jakieś słabości do skorygowania.

Oczywiście ludzie nie lubią kiedy się im mówi o słabościach, wiem, ale jest to jeszcze jeden powód więcej żeby mieć odwagę, aby to robić: świadczy to o bezstronności. To właśnie czyni prawdziwie Wtajemniczony, prawdziwy Mistrz. Kiedy w obliczu ryzyka utraty waszej przyjaźni on was gani i mówi rzeczy nieprzyjemne abyście uniknęli pobłądzenia, jawi się jako wasz przyjaciel, prawdziwy przyjaciel. I jeżeli w takiej chwili wy nie zrozumiecie, gniewacie się i go opuszczacie… no ładnie! Bo co może zrobić Mistrz z kimś tak głupim, kto domaga się jedynie komplementów i pochwał. Aby widzieć z kim ma do czynienia, Mistrz zacznie od mówienia wam o waszych słabościach, a potem, jak zobaczy jak reagujecie, jak rozumiecie, zdecyduje czy powinien wam mówić o cudach z waszej przeszłości czy też o tych spodziewanych w waszej przyszłości.

6

Kochajcie, a wasze oczy się otworzą

Często pytałem niektórych: „Dlaczego tak bardzo chcecie rozwijać swoje jasnowidzenie" i oni odpowiadali mi: „Żeby pomagać wszystkim tym, którzy mają problemy i którzy cierpią... Dzięki jasnowidzeniu można ich ostrzec, dać im rady..." a więc nie, nie pomoże się ludziom „widząc" ich problemy lub ostrzegając przed niebezpieczeństwami, które im grożą.

Przede wszystkim wiecie dobrze, że nie zawsze dostrzegając wcześniej pojawiające się niebezpieczeństwo można temu zapobiec. Zresztą już wam mówiłem, iż często w życiu codziennym lepiej jest nie widzieć tego, co dzieje się w głowie, sercu ludzi. Tak, nie można im pomóc jeśli ma się oczy zbyt otwarte, lepiej jest często nic nie widzieć. Ta ignorancja sprawia, że jeszcze ich się kocha, że w dalszym ciągu jest się z nimi w zgodzie i chce się im czynić dobro.

Nie myślcie także – jak wiele medium – iż odczujecie cierpienia i smutki ludzi i będziecie mogli wcześniej przyjść im z pomocą. Żeby zrozumieć innych i im pomagać nie koniecznie trzeba odczuwać to, co oni i żyć dokładnie tak jak oni żyją. Nawet lepiej jest nie przeżywać tego, ponieważ jest to forma sympatii, która was często utrzymuje w świecie astralnym. Lepiej jest wznieść się do planu mentalnego, żeby przemyśleć, rozważyć. Jeśli jest się wystarczająco uważnym i potrafi się słuchać, obserwować i dzielić jakieś odkryte elementy, które odkrywa się u tych osób; wtedy jest możliwe ćwicząc i odgadując jakie one są i jak oni czują, myślą, jakie są potrzebne nie przezywając ich samemu. Niektórzy ludzie potrafią zgłębiać problem od strony psychologicznej i jest to forma jasnowidzenia. Jeśli jest się tylko zadowolonym bez odczuwania, bez zrozumienia i poznania, jest się nie tylko słabym, ale nie można być za bardzo przydatnym innym.

Powiem wam, iż prawdziwe jasnowidzenie ludzi pochodzi z możliwości nieco zapomnienia. Bierze się to z centrum świata z dążności ku sobie, swoich interesów, satysfakcji, dążenia by prawie wszystko inne nie istniało; to najpewniejszy sposób, żeby stać się lub pozostać niewidomym.

Do wielu problemów a nawet tragedii w rodzinach mogłoby nie dojść, jeśli rzeczywiście zrezygnowałoby się trochę z egoizmu. Oto przykład: mąż, który wewnętrznie zajęty swoimi ambicjami zawodowymi lub politycznymi, albo spędzający czas w podróżach, spotkaniach. Kiedy wraca zmęczony, całuje nieuważnie żonę, nawet nie pytając ją, o to, co robiła, o jej kłopoty, życzenia. Tak zajęty swoimi własnymi sprawami, iż nie dostrzega, że ona jest w trakcie czynienia zmian, ponieważ też jest zmęczona, znudzona i chciałaby innego życia niż to, które ma. Pewnego wieczora, kiedy wraca do domu odkrywa zaskoczony, ze jego zona odeszła i nie wie dlaczego. A więc co ma zrobić mąż zaślepiony? Idzie do jasnowidza spytać czy jego zona wróci! Miał wszystko przed oczyma żeby zobaczyć co ryzykował co może się zdarzyć, ale nic nie widział, a teraz jasnowidzący ma zobaczyć to zamiast niego!

Zdarza się, iż ojciec i matka, zajęci swoimi problemami nie widzą co dzieje się z ich dziećmi, aż do dnia, kiedy zdziwieni odkrywają, że zamiast iść do szkoły ich dzieci spędzają czas na ulicy albo w kinie, uczestniczą w nieczystych interesach albo zażywają narkotyki... Gdyby mieli troch mniej egocentryzmu, wyczuliby niebezpieczeństwo nadchodzące swoich dzieci.

Oczywiście słyszę słowa, iż aby stać się jasnowidzącym trzeba zajmować się innymi, jesteście zawiedzeni, mieliście nadzieję na coś innego. A więc nie, metoda, którą tu wam daję jest najlepsza, taka, która może naprawdę być użyteczna: to słuchać innych, rozumieć ich, szanować, a nawet kochać, jeśli potraficie. W tym naprawdę możecie stać się wnikliwymi iuważnymi.

Kiedy dziecko jest małe nie ma innego zajęcia niż odżywianie się, dotykanie i zbliżanie się do odpowiednich przedmiotów, które go otaczają, zwracania na siebie uwagi, a kiedy nie otrzymuje tego, co chce krzyczy, płacze, tupie nogami. Dziecko jest małym potworem egoizmu. Tak ale w tym wieku to normalne. Dorośli, ojciec, matka, rozumieją, że nie można nic innego od niego wymagać. Jednak, jeśli zachowuje się tak będąc większym albo dużym dzieckiem, daje mu się klapsa, bo trzeba, żeby się zmieniło i przestało myśleć tylko o sobie. Później doświadcza potrzebę założenia rodziny, potem posiadania dzieci... Dlaczego Inteligencja kosmiczna tak urządziła te sprawy? Żeby poprowadzić ludzi do zajmowania się innymi a nie tylko samymi sobą, zaczynając od męża, żony, dzieci przede wszystkim. Ale ilu zrozumiało te lekcje, które chciała dać im Inteligencja kosmiczna? Ilu jest zdolnych by zapomnieć o sobie i naprawdę pomyśleć o swojej rodzinie?

Tak jak ci, którzy doszli do tego, powinni jeszcze wiedzieć, iż krąg rodziny nie jest celem do osiągnięcia. Celem jest myśleć o wspólnocie. Krąg rodzinny jest oczywiście początkiem wspólnoty: rodzina pomaga indywiduum wyjść z siebie samego; ale nie powinna z kolei ograniczać i wyłącznie się zajmować. Każde indywiduum powinno iść dalej, widzieć szerzej i próbować myśleć o wielkiej rodzinie ludzkiej. Tak samo jak kocha się swoją rodzinę, uczeń powinien starać się kochać wszystkich innych ludzi jakby stanowili część tej rodziny. W ten sposób obudzą w sobie inną świadomość, inną wizję: staną się jasnowidzącymi, prawdziwie jasnowidzącymi.

Prawdziwe jasnowidzenie osiągnie człowiek, kiedy jego serce zacznie kochać. Tak, prawdziwe jasnowidzenie, prawdziwe oczy znajdują się w sercu; w intelekcie także, ale najbardziej w sercu. Kiedy kochacie kogoś, co w nim widzicie? Rzeczy, których zwykła osoba ni widzi. Mówi się, ze miłość jest ślepa. Nie, miłość otwiera oczy. Mężczyzna, kochający żonę, uważa ją za świętość... I nie mówcie mu, że się myli! Zresztą jeśli istotnie się myli? z pozoru tak. Ale jeśli komuś wydaje się, że przesadza w piękności, którą kocha to znaczy, iż widzi ją taką jaką kiedyś stworzył Bóg, albo taką jaką będzie na końcu swojej ewolucji, kiedy będzie na łonie Wieczności.

A więc nie zrozumiało się jeszcze olbrzymiej siły miłości: to miłość otwiera oczy. Jeśli ktoś chce stać się jasnowidzącym, trzeba aby zaczął od miłości. Trzeba, aby jego serce wołało jak w Ewangelii: „Ulituj się nad nami Panie"! I pewnego dnia światło kosmiczne przyjdzie i zapyta: „Co chcesz abym dla ciebie uczynił?" – żeby moje oczy się otwarły! – Dobrze." i wasze oczy się otworzą.

7

Przekazy z Nieba

Iluż ludzi skarży się: „Modlę się, proszę Boga o pomoc, ale nie otrzymuję żadnej odpowiedzi, Niebo nie słucha mnie". Ależ nie, wcale nie, to tylko oni nie potrafią usłyszeć odpowiedzi.

Trzeba wiedzieć, że w naszym organizmie psychicznym wytwarzają się takie same zjawiska jak w organizmie fizycznym. Ktoś, kto oddycha nieczystym powietrzem, kto je niezdrowe pożywienie, wprowadza do organizmu nieczystości, których sam organizm nie może usunąć, a wymiana między ciałem fizycznym i siłami natury nie przebiega poprawnie. W ten sam sposób ten, kto nie kontroluje nigdy swoich myśli, swoich uczuć i działań wprowadza nieczystości do organizmu psychicznego i formuje się nieprzenikniony ekran między nim a światem boskim; a więc w rzeczywistości połączenia są przerwane.

Świat boski odpowiada na nasze pytania, posyła nam nieprzerwanie wiadomości, ale żeby je otrzymać trzeba się przygotować, a przygotowanie oznacza poprawić swój sposób życia pracując nad swymi myślami, uczuciami i działaniami, żeby je oczyścić. Iluż ludzi wyobraża sobie, że otrzymanie głosu z Nieba było skutkiem najgorszego oszołomienia!

Ponieważ głos z Nieba przeszedł przez pryzmat zniekształcając ich niższą naturę. Ileż takich przypadków spotkałem w moim życiu! Naprawdę przypadki straszne: osoby, które przychodziły mi opowiedzieć albo zapytać mnie w imieniu Nieba o rzeczy całkowicie bezsensowne. I było niemożliwe usunąć te myśli z ich głowy: to Niebo je posłało i ja miałem być posłuszny rozkazom Nieba, które mi je przekazało. Jako że, oczywiście, nie byłem im posłuszny, upierały się niemal do utraty rozumu. Było mi smutno oglądać je w takim stanie, ale co było robić? Inne przypadki nie były tak poważne i głosy Nieba nie wymagały nic ekstrawaganckiego, uśmiechałem się wówczas pozwalając im myśleć, że im uwierzyłem.

Niższy region Księżyca jest regionem mgieł to znaczy iluzji, błądzenia. Otóż dokładnie z tym niższym regionem Jesoda są połączone w większości tak zwane medium, uzdrowiciele, radiesteci, jasnowidzący, itp. Nie mówię, że nie posiadają żadnych zdolności, ale to, co krytykuję u większości z nich to ich wysokie mniemanie o sobie. Od kiedy odkryli mały dar w tej dziedzinie, zamiast powiedzieć sobie, że trzeba pracować i rozwijać ten dar, biegają na prawo i lewo przepowiadając i przekazując wiadomości z Nieba. Niektórzy podają nawet datę końca świata i posyłają ostrzeżenia do szefów państw!

Powiecie mi: „Jak to, więc pan nie wierzy, że niektórzy ludzie otrzymują prawdziwe przekazy od Pana?" Ależ tak, wierzę, ale jeśli porównam wszystkie te wiadomości, jak się wydaje od samego Boga, jestem zobowiązany stwierdzić na ile są sprzeczne.

Wiem dobrze, że przychodzą nawet od samego Boga, ale w większości ma się wrażenie, że przychodzą od wielu bogów, wiecie, jest tyle istot w planie astralnym, które chcą odgrywać taką rolę. Człowiek, który nie ma rozeznania jest zgubiony, wpada w pułapkę. Gdyby to był sam Bóg mówiłby przez usta wszystkich swoich posłańców, wiadomości byłyby przynajmniej tej samej treści, w tym samym stylu, tej samej mądrości, dawałyby ten sam rodzaj rad. Ale popatrzcie, niektórym Pan wysyła słowa wzniosłe, subtelne, a innym opowiada infantylne i śmieszne a nawet bezsensowne historie... można by się za niego wstydzić!

Wszyscy ci prorocy, medium, uzdrowiciele i posłańcy Nieba byliby z pewnością bardziej zainspirowani gdyby rozpoczęli przez pouczanie siebie, żeby mieć lepsze rozeznanie. Przed mówieniem i działaniem w imieniu Pana, powinni sprawdzić skąd przychodzi głos, który do nich mówi. Zanim będą chcieli pouczać lub uzdrawiać innych, jest bardziej pożądane, by pouczyli siebie samych, gdyż jeśli się nie ukończyło dobrych studiów łatwo jest popaść w iluzję i popełniać błędy. Nawet studia wiedzy oficjalnej są w niektórych przypadkach absolutnie potrzebne. Jak na przykład studia medyczne, ponieważ bardzo niebezpieczne jest jeśli ktoś zabiera się do leczenia ludzi pod pretekstem wiary, że otrzymało się nagle dar uzdrawiania. Są ludzie, którzy dzięki praktykowaniu pewnych cnót i wielkiej miłości do ludzi otrzymali magnetyczną siłę pozwalającą im działać dobroczynnie na stan fizyczny, tak, to zrozumiałe, ale zdarzają się oni rzadko. Ten, kto chce naprawdę leczyć ludzi powinien zacząć od studiowania medycyny, inaczej ryzykuje, że ludzie będą jeszcze bardziej chorzy niż są. Oczywiście nie mówię, żeby medycyna oficjalna była idealna, ponieważ w swoich badaniach często nie wykracza poza studia nad ciałem fizycznym, ale wiedza, jaką daje jest niezbędna. Jeśli chcecie następnie pójść dalej i skierować wasze badania w inne bardziej subtelne, bardziej duchowe dziedziny, to bardzo dobrze, ale nie zabierajcie się nigdy do leczenia ludzi bez studiów i uprzedniego przygotowania. Wtedy także głos, który popycha niektórych w tym kierunku nie pochodzi absolutnie z Nieba.

Różne dyscypliny przypisywane przez religie całego świata (rekolekcje, post, obmywanie, modlitwa) spełniają rolę przygotowania ludzi do dobrego odbierania prądów i poleceń Nieba. Oczywiście, w rzeczywistości nie jest najważniejsza sama czynność poszczenia czy prowadzenia rekolekcji. Najistotniejsze jest podjęcie wewnętrznej pracy sprawdzenia, oczyszczenia: polepszenia swoich myśli, uczuć i czynów. Ten, kto nie zdecydował się na wykonanie tej pracy, zrobiłby lepiej, gdyby nie zajmował się duchowością, inaczej stanie się niebezpieczny dla siebie i innych. Jak długo nie poradzi sobie z wszystkimi uprzedzeniami, z nastawieniem, z niższymi skłonnościami, nie ma nic gorszego niż stawać się wysłannikiem Nieba, instrumentem Nieba. Widziało się takich ludzi, którzy w końcu stawali się dręczycielami swojej rodziny a nawet swojego ludu. Tylko ten, kto jest prawdziwie czysty i bezinteresowny może rościć sobie prawo bycia posłannikiem Nieba.

Wszystko w naturze podkreśla to prawo: żeby życie mogło płynąć, żeby światło mogło promieniować, żeby prądy niebiańskie przechodziły, trzeba uwolnić drogę. Dlaczego kamienie szlachetne są tak cenne? Ponieważ są przezroczyste, bo pozwalają przepuszczać światło... I jeśli natura odnosi tak wspaniały sukces nad pewnymi materiałami, dostrojeniem ich, oczyszczeniem, ubarwieniem, żeby miały wspaniałe kolory, które teraz uwielbiamy: kryształ, diament, szafir, szmaragd, topaz, rubin, dlaczego człowiek nie miałby wykonać tej samej pracy na sobie samym? Czym jest modlitwa i medytacja? W rzeczywistości czynnościami, dzięki którym człowiek osiąga całe oczyszczenie i oświecenie siebie samego aż do dnia, kiedy stanie się szlachetnym kamieniem. A Pan, który docenia szlachetne kamienie umieszcza je w swojej koronie. Oczywiście symbolicznie, ale absolutnie realnie. Ilu spośród was myśli, iż taka praca jest do wykonania: stawać się szlachetnym kamieniem? Nie wielu.

Jeśli chodzi o większość ludzi, to nawet o tym nie mówimy: dla nich, najważniejsze jest odnoszenie sukcesu materialnego, zakosztowanie wszystkich przyjemności, zaspokojenie swoich ambicji, a oczyszczenie jest na ostatnim miejscu. Spędzają czas w ciemności, brudzie, a potem są zdziwieni, iż znajdują się w opłakanym stanie. Ponieważ całkiem po prostu żyją życiem nieczystym i nawet nie wiedzą, co to jest czystość, a co zanieczyszczenie. Tymczasem jest to pierwsza rzecz, którą należy poznać, aby móc dokonać wyboru. Każdy robi to każdego dnia dla odżywiania, wychowania, jedzenia nasion, orzechów i innych części nie jadalnych. A więc trzeba nauczyć się robić tak także z innym pożywieniem, którym są myśli, uczucia, aby wyeliminować z nich wszystkie elementy egoizmu, agresji i niesprawiedliwości. Oto najważniejsze zajęcie dla ucznia i od czasu, kiedy staje się zajęciem najważniejszym, trzeba poświęcić mu dużo czasu w ciągu dnia. Reszta nie ma żadnego znaczenia oprócz oceny myśli i uczuć. Ponieważ wszystkie wasze czynności będą trujące jak długo pozostałe kwestie nie będą poprawnie uregulowane.

Wszyscy ci, którzy prawdziwie nie pracują dla przemiany swojego sposobu życia, którzy w dalszym ciągu pozwalają sobie na szarpanie ich przez swoje niskie pragnienia, bez podjęcia się ich opanowania, nawet, kiedy prosi się Niebo o oświecenie, odpowiedź, jaką się otrzyma będzie nieprawdziwa. Powiecie, że niektórzy jasnowidzący, którzy mieli rzeczywisty dar prowadzili jednak życie nieuporządkowane. Tak, to prawda, ale być może w innych inkarnacjach czynili potrzebne wysiłki, żeby rozwinąć te zalety, a nawet teraz są zwolnieni, posiadają je dalej, bo nie traci się z dnia na dzień zalet, nad którymi pracowało się i zdobywało długo; ale jeśli się nie skierują na dobrą drogę stracą je. Dotyczy to także wszystkich darów i zalet. Jeśli chce się je zatrzymać nie trzeba żyć byle jak.

Każdego dnia Niebo do nas mówi, posyła nam wiadomości, ale te wiadomości, które przychodzą z przestrzeni, których substancja jest wyjątkowo subtelna muszą przeniknąć warstwy zanieczyszczone, które zgromadziliśmy wokół siebie i doznały deformacji. Weźcie kijek zanurzcie go w pojemniku z wodą o przezroczystych ściankach i obserwujcie: dokładnie w miejscu, gdzie jest zanurzony w wodzie, kijek wydaje się być złamany. To różnica gęstości między powietrzem i wodą wytwarza taki efekt deformacji. Tak samo jest w planie psychicznym: im bardziej rzeczy muszą zejść w gęstą materię tym więcej stają się zdeformowane. Żeby poznać ich różnorodność trzeba wznieść się poprzez myśli aż do świata subtelnego, skąd one pochodzą. Tępy mózg nie może otrzymać prawdziwych subtelności Nieba.

Czyńcie więc wysiłki, żeby się oczyszczać, wyzbywać, uszlachetniać: tylko wówczas otrzymacie od Nieba odpowiedź jasną, zrozumiałą, prawdziwą. Inaczej jest takie ryzyko błędów, że trzeba lepiej nie słuchać tego, co otrzymacie. Ale nawet, jeśli codzienny świat postawił intelekt, plan fizyczny, materię na pierwszym miejscu, w rzeczywistości wielu ludzi ma pewien dar mediumizmu, jasnowidzenia i to prawda, że ściągają elementy ze świata niewidzialnego; ale są to elementy bardzo pomieszane, których lepiej nie chwytać. Tylko czystość, szlachetność, harmonia, którymi emanuje medium może świadczyć o ich prawdziwości.

8

Światło widzialne i światło niewidzialne: „svetlina" i „videlina"

Kiedy czyta się *Księgę Rodzaju* odkrywa się, że pierwsze wydarzenia stwarzania były ukazaniem się światła. Pierwszego dnia Bóg mówi: „*Niech się stanie światło!*" Światło było więc pierwszym stworzeniem, które Bóg oddzielił z chaosu. Drugiego dnia Bóg oddzielił wody z góry i z dołu. Trzeciego dnia zebrał On wody w jednym miejscu, żeby zrobić miejsce ziemi, aby mogły wschodzić ziarna. Czwartego dnia stworzył słońce, księżyc i gwiazdy... A więc jakie to było światło stworzone pierwszego dnia, jeśli nie było jeszcze słońca? Było to światło pierwotne, które nie było tym ze słońca, które widzimy i dzięki któremu mamy możliwość widzenia.

W rzeczywistości istnieją dwa rodzaje światła: światło widzialne i światło niewidzialne, które jest kwintesencją stworzenia. Niektóre języki dają zresztą tym dwóm rodzajom światła różne nazwy. W ten sposób na przykład w języku bułgarskim są dwa słowa: „svetlina" i „videlina". Słowo „svetlina" określa światło fizyczne i pochodzi ze słowa oznaczającego błyszczenie. Słowo „videlina" oznacza światło duchowe i jest utworzone ze słowa, które oznacza widzieć, bo tylko światło duchowe może nam dać prawdziwe widzenie. Jeżeli to przez nie świat został stworzony, to ono odkrywa nam tajemnice stworzenia.

Czwartego dnia, kiedy Bóg stworzył słońce, księżyc i gwiazdy, ukazało się światło svetlina, które jest przejawem bardziej materialnym niż videlina. A słońce, które w rzeczywistości nie jest tylko ognistą kulą, jak sobie ludzie wyobrażają, ale istotą żyjącą, zdolną do świadomości, słońce otrzymuje to subtelne światło niewidzialne – videlina i przemienia go w światło widzialne – svetlina, dzięki któremu oświetla wszechświat. To videlina materializując się wytwarza svetlinę, światło fizyczne.

Jako że to światło videlina, samo jest materią stworzenia, jest rozprowadzane w przestrzeni i wszystko nasyca. Człowiek jeszcze go nie widzi, nie odczuwa go, bo nie jest jeszcze dość rozwinięty duchowo, żeby postrzegać tak subtelną rzeczywistość; ale koncentrując się często na tym świetle, medytując nad nim, może tak oczyścić swoje postrzeganie, iż nie tylko zacznie go odczuwać, ale przyciągnie do siebie i stopniowo przeniknie ono całą jego istotę.

Chrystus powiedział: „*Jestem światłością świata*". Światłością świata jest słońce, ale Chrystus jest czymś więcej niż słońce; w ten sposób trzeba rozumieć, iż istotnie ponad światłem widocznym słońca fizycznego, istnieje inne światło, będące prawdziwym światłem słońca, duch słońca: videlina. To o tym świetle mówił Jezus i z nim się identyfikował. I tak jak światło materialne – svetlina pozwala nam widzieć przedmioty planu fizycznego za pomocą fizycznych oczu, światło wewnętrzne, światło Chrystusa – videlina, daje nam dostęp do świata boskiego. Powinniśmy dowiedzieć się, co to jest to światło, jak z nim żyć, jak w nim żyć, jak każdego dnia pracować, żeby chwytać niewyczerpane cząsteczki, gromadzić je w sobie aż do czasu, kiedy będziemy zdolni rzucać je jako promienie na przedmioty i istoty niewidzialnego świata, które ukażą się nam w subtelnej rzeczywistości.

Na początku wszystkich rzeczy było światło. A światłem jest Chrystus, duch słoneczny. Duch Chrystusa przejawił się na początku w sefirocie Chochma, pierwszym majestacie. Jest Słowem, o którym święty Jan mówi w swojej Ewangelii, że *„nic nie powstało bez niego”*. On przejawia się pod innym aspektem w sefirocie Tiferet, słońcu. Tiferet ma więc swoje pochodzenie w Chochma, gdzie świeci videlina, światło boskie.

Kiedy rano będziecie patrzeć na wschód słońca, pomyślcie, że łączycie się z nim; to z jego duchem się łączycie. Tak, duch słońca, który jest duchem Chrystusa, emanacją samego Boga. Nie wystarczy wystawić się na słońce i patrzeć na nie; żeby prawdziwie wejść w kontakt z kwintesencją światła, trzeba, aby to był wasz duch, który mógłby wystawić się, złączyć się, stopić się z nim. W chwili, kiedy zanurzacie się w świecie światła, pewne jego cząsteczki wnikają w was i otrzymujecie objawienie boskiej wspaniałości.

9

Wyższe stopnie jasnowidzenia

Czy zastanawialiście się już nad faktem, że wszystko, co możemy zobaczyć, wszystko, co istnieje wokół nas, żeby stać się widzialnymi, muszą promienie światła padać na przedmiot lub na człowieka? Niektórzy nazywali słońce lampą wszechświata, żeby wyrazić ideę, że to dzięki niemu świat jest oświetlony, a my widzimy wszystko, co nas otacza. A kiedy nie możemy być oświetleni przez słońce, potrzebujemy innego źródła światła: baterii elektrycznych, świeczek, lampek kieszonkowych, reflektorów...

Przedmioty są więc widoczne tylko o ile pada na nie światło i je oświetla, jest to prawo świata fizycznego, ale także świata duchowego. Jednak w świecie duchowym nie ma lamp, które moglibyśmy zaświecić tak jak zaświecamy lampy na schodach lub w naszym pokoju. Jeśli chcemy tam widzieć, to my musimy rzucić światło nas samych. Oto dlaczego tak mało ludzi jest zdolnych do widzenia na planie duchowym: ponieważ oni czekają, aby przedmioty były oświetlone. Nie potrafią sami wysyłać tych promieni, które pozwolą im widzieć. W rzeczywistości wszystkie obiekty planu astralnego, mentalnego, kauzalnego, itp. emitują światło, ale jego promieniowanie nie może być przechwycone przez nasze oczy fizyczne. Do nas więc należy rozwijanie naszych subtelnych organów, zapalanie wewnętrznych lamp, żeby przesyłać promienie, które padając na powierzchnię przedmiotów, albo stworzeń czyniąc je widzialnymi.

Istnieje wiele form widzenia, które się różnie nazywa według planów, które zajmują. Na poziomie najbardziej wzniosłym przejawia się widzenie ducha, zwane intuicją. To widzenie nie jest oczywiście materialne i człowiek często sobie go nie uświadamia. Kiedy nagle otrzymuje objawienie wyższej prawdy, boskiej prawdy, która dotarła bardzo daleko, bardzo wysoko, same promienie czynią ją widoczną we wszechświecie praw, związków, struktur. To jest światło ducha, które oświetla boską rzeczywistość i pozwala ją zrozumieć.

Inny poziom wizji nazywa się doznaniem, ponieważ doznanie jest także rodzajem promieniowania, które rzucacie na przedmiot lub stworzenie. Od chwili, kiedy je czujecie wibrujecie z nim w unisonie i uświadamiacie sobie jego istnienie, jego obecność i jest to tak jak byście go widzieli.

W końcu istnieje trzecia forma widzenia, która polega na uchwyceniu w planie eterycznym, w planie astralnym istnienia przebłysku, kolorów przedmiotów, istot, które się przemieszczają. Ale ogólnie mówiąc ci, którzy mają te wizje, nie rozumieją tego, co widzą, nie potrafią zinterpretować, trzeba im w tym pomóc, bo kiedy je interpretują często popełniają błędy. A więc jasnowidzenie to nic takiego, często nawet zatrzymuje ludzi w ich rozwoju.

Są więc stopnie i stopnie w widzeniu. Stopniem najbardziej wzniosłym jest intuicja, która jest równocześnie zdolnością i odczuwaniem świata boskiego. To od tego trzeba zacząć, a następnie uzbrojonym przez tę zdolność i to najwyższe uczucie zejść aż do widzenia planu eterycznego i astralnego, żeby je przebyć i studiować.

W rzeczywistości można powiedzieć, że istnieją dwie szkoły: jedna, która uczy rozwijania jasnowidzenia zaczynając od planu niższego, żeby stopniowo przejść do widzenia niebiańskiego, inna, która uczy najpierw dążyć do pierwszej Przyczyny, źródła życia, Boga samego, żeby następnie zejść do materii. Według mnie ta metoda jest lepsza: niesie mniej niebezpieczeństw, kiedy macie myśli i serce skoncentrowane na Panu, to On pozwala wam poznać wszystkie regiony wszechświata i tam pracować bez ryzyka. A nawet, jeśli chcecie poznać Piekło z istotami tam zamieszkałymi, to sam Bóg pokaże wam je pod swoją ochroną.

Powiecie: „Ale dlaczego mówi się o poznaniu Piekła?" Żeby dojść do szczytu ewolucji wielcy Wtajemniczeni muszą zejść aż do Piekła. Jeśli unikają Piekła w obawie, że im coś grozi, stanowi to lukę, bo nie mają całkowitej świadomości stworzenia. Oczywiście przed zejściem muszą mieć rozwinięte pewne konieczne zdolności: wiedzę, siłę, opanowanie... A przede wszystkim muszą posiadać silną aurę, która ich ochrania. Istoty niższe a nawet demony drżą przed Wtajemniczonymi, bo czują, że mają oni ogień, mają błyskawice. Dlatego pozostają w pewnej odległości, podczas gdy przechodzą te rejony gdzie są ujawnione: natura i przejawy zła, prawa karmy i kary wyrządzone stworzeniom, które przekroczyły boskie reguły. Sam Jezus zszedł do Piekieł gdzie uwolnił dusze.

Ci, którzy chcą rozwinąć jasnowidzenie zaczynając od planu niższego używają często narkotyków dla pobudzenia niektórych centrów psychicznych i to jest bardzo niebezpieczne. Narkotyki najpierw atakują system nerwowy a poza tym istoty zamieszkujące regiony planu eterycznego i astralnego nie lubią być widzialne i obserwowane i one są często bardzo nieprzyjazne dla tych, którzy im przeszkadzają. Dlatego robią wszystko, żeby ich wprowadzić w błąd i dręczyć, aby zmusić do powrotu. W ten sposób tysiące osób jest ofiarami wiedzy, która płynie z książek. Ci, którzy starają się penetrować regiony bez rozwinięcia skutecznych sposobów obrony jak światło i opanowanie, nie tylko są wystawieni na wrogie wpływy, ale mają zahamowany własny rozwój.

Prawdziwy Wtajemniczony wie, że pracując nieprzerwanie nad oczyszczeniem siebie, nad rozwojem mądrości, miłości i samoopanowania osiągnie kiedyś szczyt. I kiedy raz dojdzie do szczytu, substancja jego istoty jest tak oczyszczona, że przepaja się kwintesencją samej Duszy kosmicznej. Ta kwintesencja, w której wszystko się zapisuje daje mu możliwość zobaczenia i odczucia tego, co chce poznać. W ten sposób przez swoją pracę otrzymał siłę, ale także jasnowidzenie.

Zresztą widzi się to dobrze: jasnowidzenie medium ogranicza się zawsze bardziej lub mniej do planu astralnego, nie jest zdolne do zgłębienia misteriów wszechświata. Kiedy prosi się medium o sięgniecie do bardzo oddalonych regionów, żeby odpowiedzieć na pytania o porządek duchowy, kosmiczny, w większości nie jest ono do tego zdolne. Tak więc jasnowidzący, który nie może służyć do podniesienia istoty ludzkiej, nie może interesować prawdziwego człowieka duchowego. Dlatego nie zwraca na niego uwagi i sam zamykając oczy przechodzi regiony planu astralnego.

Tak więc zrozumcie mnie dobrze, ponieważ wszystko to jest bardzo ważne: zanim zabierzecie się do różnego rodzaju eksperymentów psychicznych, które mogą być dla was bardzo niebezpieczne, ćwiczcie się najpierw w stawaniu się panem was samych, kontrolujcie wasze pragnienia, wasze aspiracje. Wówczas jesteście pewni, że nawet wystawieni na niebezpieczeństwo będziecie mogli się obronić. Jednak, jeśli nie będziecie wyćwiczeni, będziecie podatni i pozostaje wam tylko krzyczeć i wszędzie opłakiwać to, co się wam przytrafiło. Ileż listów otrzymuję od ludzi, którzy opowiadają, że są śledzeni przez potwory, które żyją w Piekle i rzeczywiście zapytują jak to mogło im się zdarzyć. A jednak to jest proste: próbując penetrować w świecie astralnym z powodów „nie bardzo katolickich", ciekawości, pożądania, przyciągnęli istoty, które istotnie każą im żyć w Piekle. Bo to tam jest Piekło: w niższym świecie astralnym.

W Szkole boskiej uczy się ucznia, iż musi się najpierw zajmować tym, żeby mieć solidne korzenie, bez których będzie wystawiony na trzęsienia ziemi, tornada, cyklony. Otóż prawdziwe korzenie człowieka są w Niebie, dlatego uczeń musi przede wszystkim związać się ze Stwórcą, z czystym światłem niebiańskim, żeby zanurzyć głęboko swoje korzenie w świecie bożym. W ten sposób, kiedy zejdzie, żeby zgłębiać inne regiony, będzie miał punkt zawieszenia tak solidny, będzie tak dobrze zaczepiony w Niebie, iż żadna wroga siła nie będzie zdolna nim zachwiać. Tak, najważniejsze jest głęboko zanurzyć korzenie w Niebie.

Zaczynajcie więc od rozwoju w świecie ducha i duszy, a potem tylko zejdziecie do planu astralnego, żeby zobaczyć duchy natury i wszystkie istoty, które pracują. Nie ma już więc niebezpieczeństwa, że wszyscy ci, którzy nie lubią być widziani, nie lubią być obserwowani, nie mogą już nic przeciw wam zrobić: widzą, że jesteście silni, że jesteście kimś nadzwyczajnym, a więc nie tylko nie wahają się z wami zmierzyć, ale przeciwnie zaczynają być wam posłuszni i dzięki ich pomocy możecie podjąć wielkie prace duchowe.

Już wam to powiedziałem, iż to wy przez swoje duchowe życie powinniście rozsiewać światło, które pozwoli wam widzieć przedmioty i stworzenia świata niewidzialnego. Jeśli to światło jest przysłonięte przez wasze myśli, wasze niższe uczucia, nigdy nie zobaczycie tego, co odpowiada tym myślom i uczuciom. Jasnowidzenie jest dane każdemu zależnie od stopnia rozwoju i jeśli jeszcze brniecie w niższym planie świata astralnego, spotkacie tylko istoty, które zamieszkują ten region, w którym roi się od mnóstwa zwierząt, potworów, które się pożerają, dzikie zwierzęta, które się rozrywają i będziecie cierpieć.

Nie trzeba wierzyć, iż dlatego, że mężczyzna czy kobieta posiadają zdolności mediumiczne mogą mieć dostęp do wszystkich regionów świata niewidzialnego. Nie, w jasnowidzeniu są stopnie odpowiadające stopniom czystości, które jasnowidzący zdołał osiągnąć: im więcej się oczyścił tym lepiej widzi region niebiański. Oto dlaczego nie jest wskazane, aby stać się jasnowidzącym, jeśli nie jest się czystym i zdolnym do samoopanowania.

Jeśli będziecie chcieli nawiązać łączność z istotami niebiańskimi, widzieć ich wspaniałość boską, powinniście się oczyścić, poszerzyć swoją świadomość i pracować dla wysokiego ideału: braterstwa między ludźmi, dla Królestwa Boga. Wówczas wasza emanacja stanie się czystsza, wasze wibracje bardziej subtelne i nie tylko świetliste duchy pozwolą wam wejść do nich, ale przyjdą was odwiedzić, ponieważ znajdą w was swój pokarm.

Prawdziwe jasnowidzenie rozwiniecie tylko wówczas, gdy się wzniesiecie na szczyt waszej istoty: waszego wyższego Ja. Każdego dnia pomyślcie, że dochodzicie do wznoszenia się do niego, że identyfikujecie się z nim: trzymacie się tam na szczycie i z wysokości zanurzacie wasze spojrzenie na wszechświat... Tak jak wasze wyższe Ja ma możliwość przenikania i poznania wszystkiego, tak powoli wiele rzeczy, które pochwycicie nie zdając sobie z tego sprawy, zdołają zejść aż do waszej świadomości i będziecie olśnieni tym, co nagle będziecie zdolni odkryć i zrozumieć.

Najlepszą wizją jest ta, którą dadzą wam oczy duchowe. Oczywiście na początku pozornie nic nie zobaczycie, nic nie zrozumiecie, ale przygotujecie grunt dla prawdziwego jasnowidzenia.

10

Oko duchowe

Wiele nieszczęść, które spotykają ludzi pochodzą z tego, że ich oko wewnętrzne nie uprzedziło ich o niebezpieczeństwie na które narażali się podejmując pewną decyzję, dopuszczając takie doświadczenie. Odeszli spokojnie nic nie widząc i rzucili się prosto w trudności. Gdyby potrafili rozwinąć swoje wewnętrzne oko, uprzedziłoby ich, ponieważ to oko, które czasem nazywa się trzecim okiem jest jak radar: posyła fale, które powracając uprzedzają nas o przeszkodach, powstałych na naszej drodze. Często jednak ten radar jest uszkodzony, gdyż nieuporządkowane życie, które się prowadziło przeszkadza w jego dobrym funkcjonowaniu.

To prawda, że są przypadki, kiedy to oko duchowe, nawet rozwinięte nie uprzedza nas: następuje to wówczas, kiedy niektóre zdarzenia są określone wcześniej przez karmę, przez Dwudziestu Czterech Starców i które muszą się nieuchronnie zrealizować. Tak więc nawet kiedy widzimy lub czujemy, że przychodzą, nie możemy ich uniknąć. Inaczej, ogólnie mówiąc, jeśli potrafilibyśmy przygotować mu warunki, to oko duchowe jest tu, aby nam pomagać, uprzedzać nas, a przede wszystkim prowadzić. Tak, ale pod warunkiem, żeby było wolne od wszystkich nieprzeniknionych warstw, od wszystkich materiałów fluidycznych, które się w nim odłożyły. Nie chodzi tu o elementy fizyczne, ale o emanacje fluidyczne uformowane przez samą osobę przez jej sposób życia, które się wokół niej zgromadziły i przeszkadzają jasno widzieć, jak mgła albo chmura kurzu.

Tylko czystość pozwala rozwinąć intuicję. Dlatego w Naszym Nauczaniu przywiązujemy tak dużą wagę do czystości: żyć czystym życiem, odżywiać się czystymi produktami, oddychać czystym powietrzem, mieć czyste myśli i uczucia. I jeśli codziennie chodzimy na wschód słońca, to dlatego, iż jest ono obrazem czystości. Na ziemi nie znajdziecie prawdziwej czystości nawet w wodzie źródła, albo w krysztale skały. Tylko światło słońca zbliża się do absolutnej czystości, chociaż kiedy do nas dochodzi po przejściu przez ziemską atmosferę, ono także jest obciążone licznymi wpływami, które zmieniają jego jasność.

Światło boże jest porównywalne do strumienia, który bierze początek w górach: u swego źródła jest czyste, ale w trakcie płynięcia w doliny i niziny przyjmuje różne odpady, obierki, a kiedy dochodzi do poziomu morza, jakaż różnica z czystością, którą miał pierwotnie! Prawie tak samo jest z promieniami słońca: słońce jest źródłem, wytryska swoim światłem, ale krążąc przez przestrzenie, żeby przybyć aż do nas, jego promienie muszą przechodzić przez zanieczyszczone rejony; dlatego kiedy dochodzą do ziemi nie są już takie czyste, jak kiedy wytryskały ze słońca. Prawdziwa czystość jest w górze u źródła, tam ją znajdziecie. Możecie oczywiście rozpocząć od szukania jej w wodzie jeziora, w błękicie nieba, w kryształkach śniegu, które są dalekim, bardzo dalekim odbiciem czystości niebiańskiej; ale prawdziwą czystość znajdziecie wznosząc się każdego dnia w myślach do regionów światła boskiego.

Całe przeznaczenie człowieka zależy od czystości jego oka wewnętrznego. Kiedy popełniacie błąd, kiedy przekraczacie prawa boskie, wasze spojrzenie duchowe zaciemnia się, nie jesteście już uprzedzani i prowadzeni, wdajecie się w komplikacje nie do rozwikłania. Starajcie się w końcu uświadomić sobie relację, jaka istnieje między codziennym prowadzeniem się a czystością waszego spojrzenia. Ten, kto się zdecyduje żyć życiem prawym, uczciwym, szlachetnym, oczyszcza się; jego subtelne organy zaczynają działać i w ten sposób dobrze prowadzić, dobrze kierować, wówczas odnajduje on źródła, łąki, jeziora, pastwiska i góry swojej prawdziwej Ojczyzny.

Wielka tajemnica jest ukryta w tym zdaniu Jezusa: „*Jeśli twoje oko jest czyste, całe twoje ciało będzie czyste*". Wielu wierzyło, że dotyczy to oczu ciała fizycznego, ale z filozoficznego punktu widzenia jest to absurdalne: stan ciała nie zależy od oczu, oczy fizyczne nie mogą ani oczyścić ani pobrudzić ciała, to nie ma sensu; przeciwnie, to oczy zależą od stanu ciała, a dokładniej od czystości krwi. Co więcej Jezus nie powiedział: oczy ale oko: „*jeśli twoje oko jest czyste...*" Zatem nie mówił o oczach fizycznych, ale o tym oku duchowym, które doradza człowiekowi, które mu wskazuje gdzie ma iść, z kim się połączyć, jak działać, jak się odżywiać na planie fizycznym, a przede wszystkim na planie psychicznym, by uniknąć zmieszania swojej krwi z myślami, swojej duszy z elementami nieczystymi i trującymi. To oko chroni go w stanie czystości i w tym sensie można powiedzieć, iż oko działa na ciało.

Ten, którego oko jest czyste zaczyna naprawdę widzieć, odczuwać, rozumieć i pozwala prądom płynącym ze świata bożego wejść w nasze ciało i oczyścić go. Jeśli są rozegnane wszystkie nieprzeniknione warstwy, które mogą zaciemnić, to oko zapewni prawdziwy kontakt z Niebem, żeby pozwolić dojść światłu bożemu. I jako że światło ma zawsze moc oczyszczającą, jeśli wie się naprawdę jak wystawić się na te promienie, są one zdolne odpędzić od nas wszystkie nieczystości. *„Jeśli twoje oko jest czyste, całe twoje ciało będzie czyste"*, to znaczy, jeśli twoje oko jest czyste, całe Twoje ciało będzie w świetle.

Oto jest oko duchowe, o którym mówił Jezus, jest to ten organ, albo, jeśli chcecie, ta zdolność, dzięki której możemy mieć wizję Nieba i stworzeń tam zamieszkałych. Te stworzenia są jakby przepełnione światłem, ono emanuje z nich delikatnym zapachem, cała ich istota śpiewa i rozprzestrzenia nieopisana symfonię... Tajemnicą, żeby otrzymać tę subtelną wizję jest pracować bez przerwy nad sobą samym i pozbywać się wszystkiego, co może nas zaciemniać, poniżać, ale podtrzymywać czyste myśli, czyste działania i pewnego dnia będziemy mieli jasną wizję tego, co to jest życie w Niebie i co powinno być na ziemi. To poprzez to duchowe oko, które jest pośrednikiem między Niebem a nami, całe życie

Nieba zejdzie by odbić się na ziemi, ponieważ to nie intelekt może dać rozwiązanie wszystkich problemów, które stoją przed ludźmi, ale kontemplacja życia boskiego. To dzięki czystości będziemy mogli zrealizować modlitwę Jezusa: „*żeby na ziemi było tak jak a Niebie*".

A więc jeśli jesteście mądrzy, rozsądni, uważni, rozpoczniecie tę pracę w was samych i coraz bardziej przybliży się jasność, wasze oko wewnętrzne oczyści się, wszystkie opaski i łuski, które otaczały, spadną i będziecie mogli widzieć, odczuwać, rozumieć i kontemplować ten boski świat, gdzie żyliśmy, skąd przyszliśmy i jaka jest nasza prawdziwa ojczyzna, ta ojczyzna, o której prawie zagubiliśmy wspomnienie... Od teraz powinniśmy rozpocząć zwracać oczy ku temu wspaniałemu światu, światu absolutnej doskonałości, by go niestrudzenie kontemplować, żeby się stopniowo zapisywał aż do głębi naszej istoty, a nawet w naszym ciele fizycznym, aby ono także mogło wibrować w unisonie ze światem boskim.

Często słyszy się, że to Kościół odkrył moralność, żeby dominować i wykorzystywać łatwowiernych i ignoranckich ludzi. Jest pewne, że w licznych przypadkach stawiał religię w służbie interesu i namiętności całkiem potępionych. Ale prawdziwa religia, prawdziwa moralność nie są oparte na zysku: one są oparte na głębokiej wiedzy przyczyn i skutków każdej myśli, każdego uczucia, każdego czynu. Błąd kleru polegał na tym, że nie szukał wytłumaczenia reguł, które nakładał. Mówiło się ludziom: zróbcie to, zróbcie tamto, jak do dzieci, od których wymaga się posłuszeństwa nigdy nie dając im wyjaśnień. Dlatego tak jak dzieci, od kiedy mogą są nie-posłuszne. A więc dla dobrego rozwoju powinni wiedzieć, że prawdziwa religia, jak i prawdziwa moralność spoczywa na dokładnej znajomości wielkich praw kosmicznych.

Trzeba więc odtąd rozumieć konieczność relacji między czystym życiem i jasnym duchowym widzeniem. Kiedy wasze oko wewnętrzne daje wam prawidłową wizję rzeczy jesteście ostrzeżeni, ochronieni: kiedy czuje, że ryzykujecie wprowadzenie w błąd w regionie ciemnym i niebezpiecznym, przestrzega was, że trzeba zmienić kierunek: czujecie wahanie, niepokój... To jest dowód, iż oko mówi wam: „Uwaga; zagłębiasz się tam w bagno, nie idź dalej, zawróć z drogi". Następnie, kiedy zdołaliście odnaleźć dobrą drogę mówi wam: „Teraz w porządku, jesteś na dobrej drodze, kontynuuj ją, zaprowadzi cię bardzo wysoko w kierunku Świątyni, która błyszczy na szczycie, świątynia świętego Grala, ojczyzna niebiańska".

11

Widzenie Boga

„Szczęśliwe czyste serca, mówił Jezus, *bo zobaczą Boga."* Dlaczego jasna wizja jest związana z czystością? To bardzo proste, popatrzcie: dawniej, kiedy świecono jeszcze lampami naftowymi trzeba było bardzo często czyścić szkło, żeby usunąć warstwę dymu, który utworzył osad, inaczej nawet jeśli lampa była zaświecona nie dawała światła. Tak samo jest z człowiekiem: jeśli pozostawi w sobie warstwę nieczystości stanowią one jakby ekran między światem boskim a nim samym i wówczas nic nie widzi. Czystość przynosi więc jasną wizję i dlatego Jezus powiedział: *„Szczęśliwe czyste serca, bo zobaczą Boga."*

W rzeczywistości, żeby prawdziwie widzieć Boga wewnętrznymi oczami czystość serca nie wystarcza, potrzeba jeszcze czystości intelektu i ducha. Ale w naszym życiu psychicznym praca oczyszczająca powinna rozpocząć się od serca, ponieważ z sercem połączony jest świat astralny, który zaczynają przenikać nieczystości: pożądanie, zazdrość, nienawiść, żądza zemsty, itp.

Oczywiście, „widzieć" Boga nie oznacza, że On ukazał się naszym oczom. Zresztą w tym sensie nikt nie widział Boga, żaden święty, żaden prorok, żaden apostoł, męczennik, żadna dziewica, żaden patriarcha, żaden Wtajemniczony, nigdy nie widzieli Boga. Nawet Mojżesz nie widział Boga, a jednak ile razy napisane jest w Pięcioksięgu, że Bóg do niego przemawiał! I tu także trzeba to oczywiście tak rozumieć, że to nie sam Bóg mówił do Mojżesza, do Buddy, Zaratustry czy Orfeusza. On przemawiał do nich przez pośredników, wielkich Archaniołów, posłańców, gdyż oni nie mogliby znieść Jego głosu ani obecności, byliby rozbici. Powiecie: „A Jezus, czy On nie widział Boga?" Jako Chrystus tak, można powiedzieć, że Jezus widział Boga, ponieważ Chrystus, Syn jest wtopiony w Ojca. Jedynie Chrystus kontempluje swojego Ojca, bowiem jest On z Nim, wtopiony w Niego. Ale Chrystus jest istotą kosmiczną i jeśli można powiedzieć, iż Jezus albo inny wielki Wtajemniczony zobaczył Boga, to przez pośrednictwo ducha Chrystusa, z którym się identyfikuje, lecz nigdy Go nie wiedział na własne oczy.

Nikt nigdy nie widział Boga, ponieważ Bóg jest nieskończonością, jest nieograniczony. Można czuć Jego obecność, tak, można nawet widzieć Jego przejawy: błyskawice, projekcje światła, ale nie można widzieć Autora tych przejawów, ponieważ całkiem po prostu jest niemożliwe widzenie Boga fizycznymi oczami. Żeby widzieć przedmiot albo istotę, trzeba, żeby miała kształt, wymiar, granice, żeby była umieszczona gdzieś w przestrzeni, w czasie. Otóż Bóg umyka czasowi i przestrzeni, możecie Go zobaczyć tylko jako odbicie, przejaw rozrzucony wszędzie: w kamieniach, roślinach, zwierzętach, także w ludziach w ich podniosłych myślach, szlachetnych uczuciach, dobrych gestach, odwadze, w ich dziełach sztuki. Im bardziej jesteście czyści tym bardziej rozróżniacie ślady Boga, życie, zapach, muzykę. Kiedy patrzycie na słońce możecie mówić: „Zobaczyłem Boga w Jego świetle, czułem Boga w Jego cieple i teraz jestem bardziej ożywiony." Ale opowiadać, że widziało się Boga, że się z Nim rozmawiało, nie, tylko jakiś postrzeleniec może twierdzić, że zobaczył Boga twarzą w twarz i mówił z Nim. To, co jest ograniczone nie można rozumieć jako nieograniczone. To, co jest małe, nie można rozumieć jako ogromne. A jak to rozumieć? Kiedy wejdzie w bezmiar, kiedy się z nim połączy, kiedy będzie stanowić jego część. Wtedy tak, może wreszcie mieć ideę bezmiaru, nieskończoności.

Tak długo jak w swojej świadomości człowiek pozostanie oddzielony od Boga, nie może zrozumieć bezmiaru i nieskończoności Boga. Trzeba, żeby się stopił, żeby się zagubił w Nim; wtedy Go pozna, ponieważ Nim jest, staje się Nim. Jak jest na zewnątrz Niego nie może Go poznać. Otóż to złączenie nie może mieć miejsca jak długo człowiek nie uwolni się ze swoich nieczystości... Weźmy taki obraz: macie rtęć, którą rozrzuciliście w małych kroplach. Potem zbliżyliście te krople, ale one nie uformują się znowu w jedną. Zapewne robiliście ten eksperyment. Teraz, gdy spuścicie kilka ziarenek pyłu na niektóre krople, cokolwiek byście zrobili pozostaną oddzielone. To samo dzieje się z nami. Pan jest wspaniałością, światłem, nieskończonością, a my będziemy oddzieleni od Niego, jeśli pozostaniemy rozpustni,

posępni, źli. Tylko usuwając wszystkie warstwy nieczystości, które nagromadziliśmy w sobie osiągnie-
my połączenie się z Nim to znaczy „zobaczenie" Go.

12

Prawdziwe lustro magiczne:
Dusza uniwersalna

Od wczesnej starożytności prorocy, wróżbici, magowie, używali dla poznania przeszłości, przepowiadania przyszłości, albo informowania o odległym wydarzeniu, które właśnie się działo, to, co nazywa się magicznymi lustrami. Mimo swojej nazwy magiczne lustra nie koniecznie są prawdziwymi lustrami: może to być kryształowa kula, kielich z wodą, perła, itp. Jednym z luster magicznych najbardziej znanych w literaturze okultystycznej jest kryształ z węgla, który był w posiadaniu Johna Dee, okultysty angielskiego żyjącego w szesnastym wieku i o którym pisarz Gustaw Meyrink opowiada historię w „Anioł w oknie Zachodu". Z tym lustrem związane są różnego rodzaju dramatyczne przygody, ale opowiadanie o tym byłoby zbyt długie.

Różne przedmioty mogą więc służyć jako magiczne lustra, nawet paznokcie. Tak, możecie nasmarować paznokcie atramentem, lakierem i jeśli wiecie jak go skoncentrować może stać się magicznym lustrem. Powiecie: „Ale jak to się dzieje, że jakikolwiek przedmiot lub niemal jakikolwiek można wykorzystać jako magiczne lustro? To bardzo proste, bo jakikolwiek przedmiot może służyć jako wsparcie wizji. W miarę jak wszystko, co istnieje jest przenikane przez życie kosmiczne, wszystkie istoty, przedmioty zachowują ślady tego życia i te ślady mogą być odnalezione. Myśli, uczucia, działania ludzi, ich aspiracje, porywy, ich projekty, modlitwy wymykają im się, żeby iść we wszystkich kierunkach. Nic jednak nie znika i nic nie pozostaje ukryte. Nie tylko wszystko się rozchodzi, ale rejestruje się i w tym czy w innym momencie może być odnalezione. Życie, które się rozchodzi w przestrzeni może być uchwycone w jakimkolwiek miejscu wszechświata, wystarczy mieć właściwe aparaty.

Pieśń Mistrza Petera Deunova „Krasiv e zivota...", której słowa brzmią: *„Piękne jest życie duszy, która wypełnia całą ziemię"* Więc życie naszej duszy to znaczy nasza dusza wypełnia całą ziemię, ona ją przenika, przesiąka, ponieważ dusza nie jest ograniczona przez granice ciała fizycznego, ona go przekracza, przechodzi przez nie i może docierać do rozmiarów ziemi a nawet wszechświata. Jeśli każdy przedmiot może stać się magicznym lustrem, to dlatego, że sama Dusza uniwersalna jest prawdziwym lustrem magicznym, gdzie odbija się całe życie kosmiczne. A skoro wszystkie dusze ludzkie są tylko częścią Duszy uniwersalnej, każda z nich sama jest lustrem magicznym. Dlatego można podzielić jasnowidzących na dwie kategorie: tych, którzy uważają lustro magiczne za sobie samych (ich dusza odbija wszystkie wydarzenia wszechświata), i tych, którzy potrzebują materialnego lustra magicznego, które jest na zewnątrz nich.

Przedmiot, który jasnowidzący chcą używać jako lustro magiczne powinno być przede wszystkim uwolnione z warstwy zanieczyszczeń, która może go otaczać, potem poświęcone siłom świetlistym i trzymane w miejscu chronionym od negatywnych wpływów. Dzięki intensywności swoich wibracji lustro magiczne może chwytać i ujawniać wydarzenia, które działy się w odległości tysięcy kilometrów. Jeśli o mnie chodzi, nie posługuję się lustrem magicznym, wiem jak go przygotować, ale ja tego nie robię i wam także nie radzę nim się posługiwać. Zresztą wiedzcie, że tylko ten, kto znalazł wewnętrzne lustro magiczne jest zdolny posługiwać się zewnętrznym lustrem magicznym.

Tak więc zostawcie lustro magiczne i uczcie się interpretować język natury. Rozważcie, że życie jest magicznym lustrem i to w nim znajdziecie odpowiedź na wszystkie wasze sprawy, wszystkie wydarzenia, które mają miejsce w różnych królestwach natury. Aby je zinterpretować trzeba uzyskać prawdziwą wiedzę, którą można uzyskać tylko w Szkole inicjacyjnej.

13

Marzenie senne i rzeczywistość

W przeszłości, kiedy ludzie na wsi nie wiedzieli, czym był teatr, a tym bardziej kino czy telewizja, zdarzało się, że niektóre osoby bardzo proste i naiwne, które uczestniczyły po raz pierwszy w spektaklu brały na serio to, co działo się na scenie. A więc w chwili, kiedy przestępca popełnił czyn, oni na przykład wstawali, obrzucali mordercę wyzwiskami, uprzedzali ofiarę przed grożącym jej niebezpieczeństwem i brali na świadków innych widzów wobec niegodziwości złoczyńcy krzycząc, że trzeba go złapać zanim dopuści się dalszych złych czynów. Oczywiście, wszyscy się śmiali... No tak, ale wiedzcie, iż wy także w wielu okolicznościach życia postępujecie tak jak te osoby, które mylą teatr czy kino z rzeczywistością: bierzecie na serio to, co jest spektaklem.

W życiu wszystko jest pozorem, iluzją i wobec trudności i doświadczeń, które spotykacie zamiast powiedzieć sobie: „Ależ to jest komedia, to nie jest poważne", krzyczycie, gestykulujecie, płaczecie... nie, zamiast płakać trzeba pomyśleć. Popatrzcie, co dzieje się z aktorem teatru? Każdego wieczora gra w sztuce, gdzie na przykład, jego śmiertelny wróg wypija ze szklanki truciznę i umiera, ale jeśli zdarzy wam się spotkać go po przedstawieniu, widzicie go pijącego toast bez urazy ze swoim mordercą, nawet nie boi się, że znowu wrzuci mu truciznę do szklanki. Trzeba zachować proporcje, ale są to te same historie, które zdarzają się w życiu codziennym. A więc zamiast traktować pewne sytuacje jako tragiczne, dlaczego nie powiedzieć: „Ba! To jest teatr, kiedy sztuka się skończy zobaczę rzeczy inaczej." Przyzwyczajając się do takich argumentów, trudności, przeszkody, rozczarowania nie będą was tak wzruszać.

Weźmy inny przykład. Macie koszmar: śni się wam, że ktoś was śledzi, biegniecie, biegniecie i oto otwiera się przed wami głęboka przepaść i wpadacie... Jaka trwoga! Kiedy się budzicie, żyjecie jeszcze kilka chwil tym dramatycznym wydarzeniem, jak gdyby była to rzeczywistość. A jednak nie jest to rzeczywistość: jesteście tu żywi w waszym łóżku. I tak samo jest ze snami szczęśliwymi i przyjemnymi: jest się radosnym nawet po obudzeniu, jak po realnie przeżytej przygodzie. A więc popatrzcie teraz: jeśli uważa się sen jako rzeczywistość, dlaczego nie można by uważać rzeczywistości jako sen?... Tak jak robią to mędrcy: cokolwiek im się wydarza, mówią: „Śnię, ale pewnego dnia się obudzę. Cierpię, jestem chory, prześladują mnie, ale ja śnię. Kiedy się obudzę, nie zostanie ani śladu z tego wszystkiego. Powiecie, że wszystkie te argumenty nie zapobiegną cierpieniu i pozostawaniu w biedzie? Oczywiście, oczywiście, ale ci, którzy mają koszmary także są przerażeni, cierpią, pocą się, są zaniepokojeni, wydają okrzyki, a jednak to, co im każe tak reagować nie jest rzeczywistością. Tak zresztą oni sami mówią sobie, kiedy się pewnego razu budzą.

Iluż filozofów i poetów powiedziało, że życie jest snem! Ale to nie dlatego, że życie jest snem trzeba pozwalać sobie na snucie marzeń jak czyni to wielu ludzi, którzy tego pragną i sobie tego życzą... Ponieważ te marzenia nie zawsze są całkiem „katolickie". Można oczywiście marzyć, a nawet trzeba marzyć, ale pod warunkiem, iż będą to marzenia boże: Królestwo Boga na ziemi, wszyscy ludzie nareszcie wolni w świetle i pokoju. Jeśli wielu mężczyzn i kobiet często będzie tak marzyć, przyczynią się do szybszej realizacji.

Życzę wam także żyć w śnie, ale nie w śnie chaotycznym bez głowy ani ogona inspirowanym jedynie zmysłowością, kaprysami albo lenistwem, ale marzeniami świadomymi, ukierunkowanymi zawsze na dobro i światło. Oczywiście nie należy nigdy pozbawiać się całkowicie tej realnej iluzoryczności, którą jest życie ziemskie, tego, co powinniśmy tutaj zrobić, nauczyć się, ale nawet żyjąc najbardziej poprawnie jak to jest możliwe w życiu ziemskim, nigdy nie trzeba zapominać, że się śni.

Wtajemniczeni znają kosmiczną konieczność stwarzania subtelnych obrazów, które przyczyniają się do przemieniania gatunku ludzkiego. Ludzie zwyczajni, którzy tego nie rozumieją traktują oświecenie jako mamienie się chimerycznymi snami, podczas kiedy oni sami znajdują się z nogami na ziemi rzeczywiście doskonale obudzeni, ponieważ spędzają życie na mieszaniu w materii, wszystko to dla nich oznacza być obudzonymi. Nie, w oczach Wtajemniczonych oni drzemią, chrapią! Ich życie jest tylko długim snem ożywionym od czasu do czasu jakimiś drgnięciem.

Tak, życie na ziemi jest snem. Dlatego można powiedzieć, że śmierć jest obudzeniem w innym świecie, ale tam jeszcze człowiek śpi, śpi snem lżejszym, oczywiście, lecz to zawsze sen i będzie zawsze snem aż do czasu, kiedy dojdzie do planu kausalnego, gdzie następuje prawdziwe obudzenie. I kiedy będzie musiał powrócić na ziemię, stopniowo, jak zejdzie zanurzy się we śnie coraz bardziej głębokim i ciężkim... Aż do dojścia do planu fizycznego, gdzie tu śpi snem, gdy nie może się więcej obudzić w ciągu lat. Oczywiście można ich widzieć biegnącymi, mówiącymi, gestykulującymi, ale zawsze w śnie.

A więc wy także nie sądźcie, że jesteście obudzeni. Śpicie i mimo, że śnicie zdarzają się wam różne rzeczy: spacerujecie, spotkacie się z ludźmi, rozmawiacie z nimi, itd. jest tak nawet w życiu codziennym. Zresztą niekiedy także podczas snu, kiedy śnicie jesteście bardziej obudzeni, ponieważ niektóre sny pozwalają łatwiej przenieść ludzi w relację z prawdziwie realistycznymi rzeczami. Ale kiedy się budzicie znowu spada zasłona na tę rzeczywistość.

Ten, kto zatrzymuje się na powierzchownych rzeczach zagłębia się w iluzji. Pozory są potrzebne tylko w wymiarze, dzięki któremu można odkryć prawdziwą rzeczywistość. Ale zagłębianie się w iluzję prowadzi nieuchronnie do śmierci duchowej. Oczywiście ten problem marzenia i rzeczywistości, albo rzeczywistości i iluzji jest abstrakcyjny i trudny. Ale najważniejsze, żebyście doszli do zrozumienia intelektualnego. Najważniejsze, żebyście zrozumieli jak te niektóre pojęcia, które wam dałem pomogły wam w życiu codziennym. Kiedy spotkają was przykrości, pomyślcie, żeby sobie powiedzieć: „Naturalnie, nie mogę zaprzeczyć, że było tak a tak, ale czy rzeczywiście mnie to spotkało? Ja jestem istotą wieczną, nieśmiertelną' i to, co tu zobaczyłem, to jest inna osoba niż ja, który to przeżywam, to jest iluzja, a ja jestem widzem".

Ten sposób życia może wam dodać wiele odwagi, odporności i siły. Podczas gdy zidentyfikujecie się z tym, co się wam wydarza będziecie załamani. Wszyscy, którzy biorą zbyt poważnie swoje trudności i nieszczęścia znajdują się w sytuacji nie do rozwikłania, bo w istocie te trudności i nieszczęścia mogą być przezwyciężone tylko jeśli zacznie się nie brać ich zbyt poważnie. Naprawdę, uwierzcie mi, to nie od waszego prawdziwego Ja przychodzą te nieszczęścia, gdyż wasze prawdziwe Ja jest ponad wszystkimi zmiennymi kolejami życia. To, co w was cierpi to jest ja nierealna, która gra rolę i która przechodzi różnego rodzaju perypetie jak w teatrze. Jest tylko to, o czym wam mówię, iż powinniście wziąć na serio, a nie to, co was spotyka.

Tak więc jakiekolwiek byłyby wasze zdarzenia, które musieliście przejść, nawet najbardziej bolesne, pomyślcie, że wasze życie na ziemi jest tylko snem. Pewnego dnia, kiedy się obudzicie powiecie: „Jakie to głupstwa, a sądziłem, że to prawda!"

Człowiek schodząc na ziemię, gdzie poddaje się różnego rodzaju działaniom, aby poznać materię, a następnie, kiedy powróci do innego świata, nawet, gdy nauczył się wielu rzeczy powinien uznać, że rzeczywistość nie leży w tym... Tak, jesteśmy snem bożego człowieka, który jest w nas; śpimy i powinniśmy się obudzić, ale jak mamy się obudzić? Myśląc o naszym wyższym Ja koncentrując się na nim, identyfikując się z nim. Powoli nasza zwyczajna świadomość połączy się ze świadomością naszego wyższego Ja, nad świadomością. To połączenie będzie prawdziwym obudzeniem.

14

Sen, obraz śmierci

Dzień, który przeżyliście określa noc, którą spędzicie, ale sposób, w jaki przygotowujecie się do snu, określa również następny dzień. Każdego wieczora przed pójściem spać znajdźcie chwilę, by odłożyć na bok wszystko, co zajmowało was i martwiło w ciągu dnia. Pomyślcie także o błędach które popełniliście, aby duch świetlisty zainspirował was podczas snu jak je najlepiej naprawić. Następnie w chwili zasypiania bez obawy powierzcie się opiece Anioła śmierci. Anioł śmierci to imię, które Kabała nadała Aniołowi snu, ponieważ każdego wieczora umieramy a każdego ranka powracamy do życia. Zasypianie, opuszczanie ciała fizycznego to jest ćwiczenie, które praktykujemy każdej nocy, aby być gotowym do dnia, kiedy będziemy musieli rzeczywiście odejść na drugi świat. Ten, kto nie wie jak zasypiać nie będzie umiał dobrze umierać. Nie istnieje żadna różnica między snem a śmiercią z wyjątkiem tego, iż kiedy umieramy opuszczamy definitywnie dom, w którym mieszkamy. Podczas snu opuszczamy go również, ale subtelne połączenie: srebrny sznur zatrzymuje związek z nim.

Trzeba zrozumieć konieczność przygotowywania się do snu każdego wieczora jak do świętej podróży, żeby być gotowym pewnego dnia do podróży tak definitywnej: śmierci. Iluż ludzi nie potrafi odłączyć się od ciała fizycznego! Połączenia, które ich tu zatrzymują są silne. Żyjąc nie mieli serca, duszy ani pragnień, żeby odkryć inne przestrzenie i iść w kierunku Boga, myśleli tylko o sprawach materialnych, pieniądzach, przyjemnościach jak gdyby na tym polegało całe życie i nic innego nie istniało. Jak więc mogą zaakceptować opuszczenie tego wszystkiego? Oni długo krążą wokół swego ciała, wokół miejsc gdzie żyli, między ludźmi, których znali i niezwykle cierpią, dobrze, że świetliste istoty, słudzy Boga przychodzą im z pomocą, by ich oswobodzić. Inni przeciwnie, opuszczają natychmiast swoje ciała fizyczne jak stare, zużyte ubrania, które zostawiają, żeby wejść w ubiory świetliste.

Zresztą przywiązując tak duże znaczenie do faktu pojednania umierającego z Niebem przez sakrament Ostatniego Namaszczenia Kościół chrześcijański godzi się z bardzo starą tradycją, według której ci, którzy opuszczają ciało fizyczne bez światła istnienia Boga i innego świata, błądzą w ciemnych regionach, będąc ofiarą wielkich cierpień. Dlatego ci, którzy zostają na ziemi, ich rodzice, przyjaciele zamiast porzucić żal i smutek, który zatrzymuje śmierć w warstwie niższej planu astralnego i przeszkadza w uwolnieniu, powinni prosić, żeby ułatwić im odejście.

I tak samo jak chwila zasypiania jest ważna dla następnego dnia, chwila śmierci jest najważniejsza dla następnej inkarnacji: postawa umierającego działa w innym świecie aż do następnej inkarnacji, bo nic, żadne zjawisko, żadna myśl, żadne uczucie, żadne działanie nie może istnieć samodzielnie: każde ma przyczynę i wytwarza konsekwencje bardziej lub mniej odległe. Możecie obserwować to każdego dnia w waszym życiu. Przypuśćmy, że przeżyliście dobry dzień, ale w chwili pójścia spać miało miejsce zdarzenie, które obudziło w was smutek i zniechęcenie. Nazajutrz przy obudzeniu będziecie mogli z pewnością stwierdzić, że to, co przeżyliście wieczorem zniknęło a zastąpiło go uczucie zniechęcenia. Ostatni moment jest więc najważniejszy, bardziej znaczący niż cały dzień. Przypuśćmy, że przeciwnie cały dzień przeżyliście źle, ale doszliście przez modlitwę i wysiłek myśli do spokojnego uśnięcia: te ostatnie chwile wszystko w was wyczyściły i nazajutrz obudzicie się w najlepszej dyspozycji.

Człowiek jest przyzwyczajony przez swoich „robotników", którzy wykorzystują wszystko, co się dzieje w nim na granicy między czuwaniem a snem jako siły konstrukcji lub destrukcji. Dlatego uważajcie, nie idźcie spać z negatywnymi problemami, ponieważ one zburzą wszystko, co osiągnęliście w ciągu dnia. Przed zaśnięciem starajcie się mieć w głowie i w sercu przynajmniej jakąś myśl, inspirację, świetlisty obraz: obudzicie się nazajutrz rano oczyszczeni, zregenerowani.

Oczywiście, nie mówię wam tego, żebyście pomyśleli, iż można żyć byle jak w dzień, pod warunkiem, że przed zaśnięciem odmówicie modlitwę, albo w chwili umierania usuniecie wszystkie złe czyny ze swojego życia. Nie, ponieważ czyniąc tak będziecie zawsze mieli wszystkie diabły z sobą jak mnich w tej anegdocie. Był sobie pewnego razu w klasztorze dzielny mnich, który pil, pił... Dzięki temu poziom wina w beczce szybko się obniżał. Był oczywiście trochę zakłopotany i każdego wieczora modlił się prosząc Boga o wybaczenie, po czym uspokojony zasypiał w spokoju... I już następnego dnia zaczynał od nowa. Trwało to lata... Otóż pewnego wieczora zapomniał o swojej modlitwie i oto w nocy czuje, że ktoś go szarpie mówiąc: „Hej, nie odmówiłeś tego wieczora swojej modlitwy. Idź, wstań, pospiesz się, musisz się pomodlić!" Budzi się, przeciera oczy i kogo widzi?... Diabła! Tak, to Diabeł go obudził, ponieważ to on ponaglał go do modlitwy każdego wieczora, żeby uniknął poprawy. Dzięki swojej modlitwie mnich miał poczucie spokoju i nazajutrz powracał do swoich głupstw ku wielkiej radości Diabła. Trzeba dodać, że kiedy mnich to zrozumiał, był tak zakłopotany, iż przestał pić na zawsze.

Tak samo wy, nawet, jeśli nie prowadziliście w ciągu dnia doskonałego życia, jest jednak bardzo ważne, aby przed zaśnięciem uspokoić się i połączyć z Niebem. Zwróćcie na to baczną uwagę, bowiem nigdy nie przestanę powtarzać, że to w nocy podczas snu siły psychiczne wykonują pracę w głębi podświadomości.

Czuwanie i sen, życie i śmierć a także widzialne i niewidzialne, dzień i noc: oto kwestie, nad którymi nigdy nie powinniście przestać się zastanawiać. Tak, studiować głęboki sens dnia i nocy. Noc jest dziedziną nieuchwytną, niewidoczną, dzień, ten przejawiający się, widoczny jest zależny od nieuchwytnej nocy; dzień zależy od nocy. Przed narodzeniem człowiek znajduje się w nocy i wszystko przygotowuje się tej nocy. To w ciemności łona matczynego buduje się ciało: płuca, serce, mózg... Jeśli ta budowa jest źle wykonana, w całym życiu przychodzą zagrożenia, gdyż dzień, życie ziemskie zależy od tej nocy, którą jest ciąża.

W nocy przygotowują się wydarzenia, które się realizują w dzień, bowiem wszystkie materialne zjawiska są tylko konkretyzacją zjawisk nie materialnych. Tym tłumaczy się fakt, iż jasnowidzący może przewidzieć wydarzenia, które nadejdą: gdyż on je już zobaczył zrealizowane w świecie niewidzialnym. Trzeba pewnego czasu, żeby wydarzenia osiągnęły planu fizycznego, ale osiągają go nieuchronnie, ponieważ są już zapisane w górze. Popatrzcie na węża; jego ogon przechodzi zawsze tu gdzie przechodzi głowa. Głowa reprezentuje idee, projekt, a ogon jego realizację, konkretyzację zjawisk, które są już w wyższych sferach w świecie subtelnym.

Być może zrobiliście sami to doświadczenie: rozmawiając w ciągu dnia z jakąś osobą, albo wykonując jakieś gesty nagle przypomnieliście sobie swój sen z poprzedniej nocy, taką samą rozmowę lub te same gesty. Tak, ponieważ to, co robimy w ciągu dnia jest być może powtórzeniem tego, co robiliśmy w nocy w planie astralnym.

Wszystkie przejawy można by porównać do nawijania różnokolorowych nici na szpulkę. Przejawy przedstawiają nawijanie nici, ale nici nie będą te same, które już zostały nawinięte. W ten sposób, jeśli nic nie przygotowaliście w waszej głowie, żeby pomóc mądrości nie miejcie nadziei, że przyciągniecie mądrość do waszego mózgu. Wszystko, co ma się przejawić musi być przygotowane naprzód, długo przedtem. Nie oszukujcie się: bez długotrwałej pracy w nocy, w świecie niewidzialnym nie wytworzycie nic prawdziwie zakończonego w świecie widzialnym.

To, co tu wam powiedziałem jest wartością bezcenną dla waszego rozwoju. Niektórzy nie odczują być może tego od razu; to przyjdzie, ale niech nie czekają na to, aby odczuć to w chwili opuszczania ziemi, bo będzie trochę późno. To nie w chwili, kiedy przechodzimy do innego świata trzeba nauczyć się tej prawdy.

15

Ochraniać się podczas snu

Wykonując ruch obrotowy dookoła słońca ziemia w dwadzieścia cztery godziny wykonuje obrót całkowity dookoła siebie samej. To tłumaczy, że w dwadzieścia cztery godziny każdy region globu przechodzi stopniowo od nocy do dnia i od dnia do nocy; podczas kiedy w niektórych miejscach jedni przygotowują się do spania, albo są w trakcie snu, inni budzą się albo już są w pracy. Fakt, że w jednej stronie ziemi jedni są pogrążeni w śnie, podczas kiedy inni czuwają przy swoich zajęciach wytwarza w subtelnym świecie zjawisko bardzo interesujące.

W chwili, kiedy człowiek zasypia, dusza opuszcza jego ciało fizyczne (pozostając połączone z nim przez subtelne powiązanie, które nazywa się srebrnym sznurem), widzi ona wokół siebie tylko ludzi pogrążonych we śnie i jeśli uzna, że nie jest to interesujące, przechodzi na druga stronę planety, gdzie mnóstwo ludzi jest obudzonych i dołącza do ich życia. W ten sposób wam także, w ciągu dnia, kiedy jesteście obudzeni składa wizytę mnóstwo uśpionych mężczyzn i kobiet zamieszkałych z drugiej strony ziemi. Ich dusze składają wam wizytę i szepczą wam do ucha o swoich historiach, swoich problemach i cierpieniach. Czasem niepokoje, smutki, które odczuwacie przekazywane są wam właśnie przez te istoty. Sądzicie, że są to wasze własne niepokoje, ale są one w rzeczywistości niektórych dusz przybyłych z drugiej strony ziemi, które opuściły swoje ciała fizyczne w czasie snu.

Jeśli te dusze przychodzą do was, to dlatego, że wasze codzienne myśli i problemy wytwarzają wibracje, które je przyciągają. Tak samo, jeśli czytacie dużo opowieści na temat pewnego kraju przygotowujecie w sobie fluidyczne elementy, które łączą was z mieszkańcami danego kraju i co najmniej wewnętrznie uczestniczycie w nich. Według waszego podobieństwa, sympatii, określenia waszych spotkań, waszego otoczenia psychicznego, a nawet, jeśli zmienicie miejsce przebywania, nawet region, nie przestajecie przyciągać takich samych dusz i być otoczonymi taką samą atmosferą. Jeśli pracujecie, aby wytworzyć w was magnes do przyciągnięcia świetlistych istot, nawet, gdy pójdziecie aż do Piekła, przyciągniecie anioły; i to dzięki nim przepędzicie demony, które wystraszą się, iż anioły zburzą ich królestwo. I odwrotnie, nawet, jeśli przeniesie się niektórych ludzi do Raju, zawsze poradzą sobie, żeby podążać za diabłami!

A więc uważajcie, bądźcie ostrożni: zarówno w stanie czuwania jak i podczas snu, starajcie się przyciągać wokół was tylko istoty dobroczynne. Oczywiście ta praca jest łatwiejsza w stanie czuwania. Podczas snu, kiedy świadomość jest osłabiona jest się bardziej narażonym i podatnym. Dlatego trzeba być szczególnie uważnym i nie zasypiać, w jakim bądź stanie ducha, lecz przeciwnie, przygotować się do snu. Niektóre osoby są zdziwione popełnianiem w snach nieładnych aktów, których nigdy nie popełniliby w stanie czuwania... Dzieje się tak z pewnością, dlatego, gdyż nie potrafili przygotować do snu.

Jest powiedziane w Kabale, że kiedy człowiek zasypia duch nieczysty przywiązuje się do jego ciała fizycznego, żeby zasugerować mu pewne idee, pewne pragnienia. Ten duch nieczysty chce zająć miejsce w ciele, bo ciało posiada ogromną rezerwę sił. Tak, złe duchy potrzebują materii i energii do swoich prac i właśnie u ludzi je znajdują, szczególnie podczas ich snu. Dlaczego? To bardzo proste. W ciągu dnia ludzie są ogarnięci różnymi zajęciami, biegają na prawo i lewo i oni sami zużywają swoją energię; podczas kiedy w nocy, gdy śpią ich energie pozostają do dyspozycji.

Powiecie: „Jak to? W czasie snu duchy przychodzą pozbawiać nas czegoś bez naszej wiedzy? Ale one nie maja prawa!" O, la kauzalnego nie mają prawa, co wy sądzicie? One sobie biorą to prawo. Popatrzcie, co robią ludzie od milionów lat ze zwierzętami! Eksploatują je i masakrują bezlitośnie pod pretekstem, że potrzebują od nich różnego rodzaju korzyści: uprawiania ziemi, noszenia ciężarów, podróżowania, żywienia się, ubierania, rozrywki, itp. Czy oni kiedykolwiek czuli się winni? Zupełnie nie, przeciwnie, jaką krzywdę wyrządzali zwierzętom eksploatując je!... A więc powiecie, że w świecie niewidzialnym znajdują się istoty, które posiadają dokładnie takie samo rozumowanie odnośnie ludzi? Nie mają żadnych skrupułów by ich eksploatować szczególnie podczas snu, kiedy są opuszczeni bez obrony. Dlatego przed zaśnięciem jest pożądane, aby pozostać w ustronnym miejscu prosząc o ochronę świetliste istoty.

Dobrze wiem, że wielu nie zaakceptuje nigdy tej idei istnienia duchów piekielnych, które mogą przyjść i opanować ich w czasie snu. No dobrze, jeśli nie zaakceptują to ich sprawa, ale wszyscy, którzy chcą postępować na drodze ewolucji powinni uznać istnienie tych duchów i potrzebę ochraniania się od zagrożenia. Żeby się ochronić przed nimi trzeba prosić Niebo o wysłanie anioła, który nas ochroni i poprowadzi do Szkoły Pana by tam studiować miłość i mądrość. W ten sposób w nocy będą mieli zawsze strażnika, który otoczy w koło ich ciało, aby przeszkodzić duchom zła wzięcie ich w posiadanie.

Dawałem wam także często ten obraz pociągu w nocy, który przemierza w szybkim tempie wieś. Pasażerowie śpią i dobrze robią, mogą spać mają takie prawo. Tylko jeden nie może spać, jest to konduktor pociągu: on nie ma prawa spać, ponieważ jest odpowiedzialny za życie wszystkich innych i musi ich doprowadzić do dobrego portu. My także jesteśmy tak jak ten pociąg, którego konduktor nie może spać. Nasze ciało, nasze komórki mogą spać, ale nasza świadomość musi pozostać rześka, czuwająca, żeby kontynuować prowadzenie nas w środku pułapek nocy.

Tak, nie wystarczy być obudzonym w ciągu dnia; w ciągu nocy także trzeba pilnować obudzonych części siebie samych. Dlatego wieczorem przed zaśnięciem pomyślcie, aby zostawić kogoś, jakąś istotę, światło, która będzie czuwać w was, podczas kiedy wy będziecie pogrążeni w śnie. Jezus powiedział: *„Czuwajcie i módlcie się"* Czuwać nie oznacza oczywiście nie spać, ale być czujnymi. Fizycznie trzeba spać, trzeba odpoczywać, to jest potrzebne dla dobrej równowagi fizycznej i nawet psychicznej. Ale to nie na planie fizycznym trzeba czuwać, ale na planie duchowym.

Dawno temu Mistrz Peter Deunov wskazał nam formułę do recytowania w chwili pójścia spać. Mówi się ją naciskając wnętrzem prawej ręki na splot słoneczny a wierzch lewej ręki umieszczając na plecach na wysokości splotu słonecznego.

Formułę dał nam Mistrz Peter Deunov oczywiście po bułgarsku Oto ona:

„Gospod wyw mene e swetlina,
Angelite sa toplina,
Czelowecite sa dobrina,
Gospod wyw mene e swetlina,
Duchyt mi e toplina,
Az sym dobrina."

Żeby sobie ułatwić możecie mówić ten tekst po polsku;

„Bóg jest we mnie światłem,
Aniołowie są ciepłem,
Ludzie są dobrocią.

Bóg jest we mnie światłem,
Mój duch jest ciepłem,
Jestem dobrocią."

Medytujecie kilka minut, potem nakreślacie w powietrzu prawą ręką pentagram. Dlaczego pentagram? Ponieważ według tradycji jest on symbolem, który magowie umieszczają przy wejściu do ich domu, żeby odepchnąć złe duchy. Oczywiście nie wystarczy zaznaczyć pentagram, żeby być chronionym. Ale jeśli staracie się każdego dnia prowadzić rozsądne i czyste życie, a potem kreślicie pentagram, wzmacnia on waszą pracę i rzeczywiście będziecie chronieni.

Niektórzy pomyślą: „Dlaczego opowiadać nam te rzeczy? Złe duchy... Ochraniać się przed zaśnięciem... Zostawcie nas w spokoju, mamy prawo żyć jak uważamy." To ja wiem, wiem, nie mam żadnego prawa dotykać waszego życia, jesteście wolni i możecie kontynuować życie wśród waszych trudności nie mam nic przeciwko temu. Mówię tylko, tłumaczę i ci, którzy sobie życzą wezmą się do pracy.

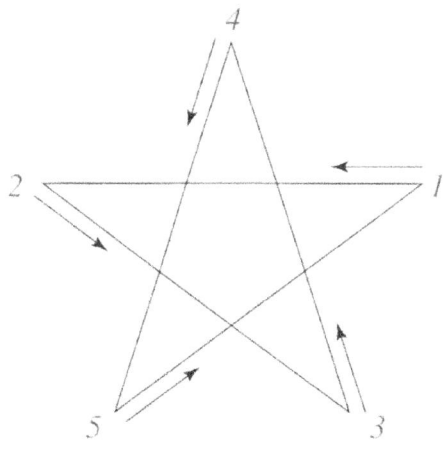

111

16

Podróże duszy podczas snu

Kiedy pomyśli się, że człowiek spędza mniej więcej jedną trzecią swojego życia na spaniu, jak sobie nie życzyć, żeby ten czas nie był całkiem stracony, ale wykorzystany na czynności konstruktywne? Oczywiście sen służy do odzyskania energii zużytych poprzedniego dnia, ale nie następuje to automatycznie; to ciało fizyczne zajmuje się tym we współpracy z ciałem eterycznym. Podczas gdy ciało fizyczne się odnawia, dlaczego nie dać możliwości duszy i duchowi dowiedzenia się jak wykonać tę pracę? Wykonać pracę podczas snu... ta idea, widzę, że jest dla wielu z was nowa, a jednak wiedzcie, że praca ta jest możliwa i nawet pożądana.

A więc przed zaśnięciem połączcie się myślą z regionem wszechświata, który chcecie odwiedzić, żeby spotkać istoty tam zamieszkujące i od nich się uczyć. Oczywiście, żeby te wysokie istoty zaakceptowały wasze kształcenie musicie jednak im pokazać, iż jesteście stateczni, wierni, bezinteresowni, że jesteście gotowi czynić wszystkie potrzebne wysiłki, żeby być przyjętymi do ich Szkoły. A te wysiłki są to przede wszystkim przegotowania. Na ziemi nie można być przyjętym na Uniwersytet bez studiów przygotowawczych; a więc, żeby być przyjętymi na Uniwersytet niebiański także są warunki do wypełnienia. Dlatego każdego dnia mówcie: „Uwaga, muszę myśleć o moim przegotowaniu do snu czuwając, żeby nie obciążać się różnego rodzaju przeszkadzającą materią; gdyby było to pożywienie, myśli, uczucia, wybiorę elementy najczystsze, najbardziej świetliste, żeby ukształtować mój mózg, moje serce, moje płuca. W ten sposób będę zawsze lżejsza, rześka, bardziej aktywna.

Jeśli będziecie od razu się ćwiczyć w oczyszczaniu i oświecaniu waszego ciała fizycznego, nadejdzie chwila, nawet, jeśli dacie mu kilka godzin odpoczynku, że z drugiej strony duchem będziecie mogli kontynuować naukę, pracować, a nawet pomagać ludziom.

Ci, którzy nigdy nie wykonywali ćwiczeń swojego ciała fizycznego jako instrumentu ducha nie mieli możliwości wyzwolenia się podczas snu, żeby wykonywać pracę w świecie niewidzialnym. Kiedy raz usną pozostaną związani ze swoim ciałem fizycznym wokół którego będą krążyć całą noc, śpiąc ciężkim snem przechodząc przez uciążliwe sny. Trzeba zrozumieć, iż w życiu duchowym ciało ma do odegrania bardzo ważną rolę: jeśli nie jest kształcone przeszkadza duchowi w udaniu się w podróż, aby wykonać swoją pracę. No tak, jest sen i sen i jeśli większość ludzi wiedziałaby, w jakim kierunku psychicznym idą, gdy zasypiają, byliby zdziwieni. Oni brną w sam środek bagna wszystkich swoich złych przyzwyczajeń i grubiańskich pragnień. Bardzo niewielu jest zdolnych by się oswobodzić i wyjść swobodnie z ciała fizycznego, przebyć przestrzeń, żeby odkryć inne regiony, inne istoty. Oczywiście jest to trudne, ale warto robić wysiłki, żeby nawiązać kontakt z najbogatszą i najpiękniejszą rzeczywistością świata niewidzialnego.

Kiedy wasza dusza osiąga wydostanie się daleko od ciała fizycznego podczas snu, nigdy nie pozostaje nieaktywna, ona podróżuje, kontempluje bezmiar, łączy się z duchami niebieskimi, wzmacnia się w poznawaniu miłości, mądrości i prawdy. A kiedy powraca, przynosi wspomnienia wszystkich odkryć i usiłuje przekazać je do mózgu.

Te wspomnienia nazywa się snami. Oto, dlaczego natychmiast po przebudzeniu trzeba przypomnieć je sobie, ponieważ w tym momencie najważniejsze obrazy błąkają się jeszcze w mózgu. Czasami przypominamy sobie sny w ciągu dnia, ale lepiej przypomnieć je sobie po obudzeniu. Jeśli przyzwyczaicie się odnajdywać nocne sny po przebudzeniu, będziecie mieli większą łatwość, przypomnienia sobie waszych dokonanych doświadczeń, a nawet niektórych ostrzeżeń i rad, które pokażą wam jak zachować się i prowadzić w nowym dniu. Być może powiecie: „Ale dlaczego nie zdarzyło się to mnie? Nie przypominam sobie takich snów". Dzieje się tak ponieważ wasz mózg nie jest jeszcze zorganizowany, żeby otrzymywać takie wrażenia, obrazy, które dusza przynosi z podróży do świata niewidzialnego.

Nawet, jeśli nie jesteście całkowicie świadomi jak wszystkie wielkie prawdy pozostawiają w was ślady eteryczne, któregoś dnia w końcu nabierzecie świadomości. Oto, dlaczego zdarza się, że nagle otrzymujecie jakby olśnienie, objawienie, że wasza podświadomość nosiła w was już z pewnością od dłuższego czasu: przedtem ta chwila nie była jeszcze uświadamiana, ale mieliście już sprzyjające momenty, kiedy mózg znalazł się w dobrych warunkach i nagle światło w was zalśniło. Oczywiście trzeba mieć do tego wysoki ideał i wielką miłość do rzeczy wzniosłych.

Dla większości ludzi, którzy nie mają żadnych prawdziwych aspiracji duchowych nic takiego się nie wydarza; nie tylko większość czasu ich dusza pozostaje tam obok ciała sparaliżowana, związana, ale jeśli nawet wyjątkowo zdarzy się jej oswobodzić i złapać strzępki świadomości, gdy powróci i zechce połączyć się z mózgiem, nie zdoła. Jak długo mózg nie jest wystarczająco rozwinięty, oczyszczony, odkrycia duszy nie przenikną; one odłożą się jedynie w części eterycznej (jako że wszystko rejestruje się automatycznie w części eterycznej), ale żeby móc przeniknąć rzeczywiście materię mózgu, potrzeba dużo czasu, a nawet może się to nie dokonać. Dlatego wielkie prawdy, które dusza już uchwyciła, ograniczony mózg, często dopiero sobie uświadamia wiele lat potem, a nawet czasem nigdy. Powinniście więc przyzwyczaić się do pracy nad materią waszego ciała fizycznego, żeby go oczyszczać, czynić go subtelnym, wrażliwym, w ten sposób wasza dusza dojdzie coraz łatwiej do zarejestrowania rzeczywistości świata boskiego i przekazania go do mózgu.

Dla mnie nie ma nic ważniejszego niż posiadanie jasnej wizji wszechświata, ale żeby ją otrzymać nie koniecznie potrzeba szkół i odwiedzania bibliotek, bo to, czego uczą w szkołach lub, co jest napisane w książkach bardzo rzadko jest zainspirowane przez wielkie istoty w górze. Kiedy czytam książkę zapytuję się zawsze czy jej zawartość jest prawdziwa, bo chce być uczony przez tych, którzy wiedzą, a tych, którzy wiedzą często już nie ma na ziemi. Trzeba ich szukać i łączyć się z nimi duchowo i pewnego dnia będzie się miało z nimi kontakt i dokona się odkryć.

Musiało wam się już zdarzyć, że obudziliście się rano z wrażeniem, iż w waszej świadomości dokonało się oświecenie. Nie wiedzieliście skąd ono przyszło; jakbyście coś zobaczyli, usłyszeli, zrozumieli, ale nie wiedzieliście dokładnie skąd ani jak; odczuliście jedynie, iż pojęliście coś nowego i cennego. Są to istoty boże, które odkryły wam w nocy pewne objawienie. To, czego uczą w szkołach i na uniwersytetach jest najczęściej dalekie od odkrycia prawdy. Prawdziwej rzeczywistości rzeczy możecie nauczyć się tylko wysoko.

Dlatego zamiast spieszyć do książek w bibliotece, pomyślcie, że możecie wykorzystać sen do nauki prosząc istoty mądrości, żeby was zaakceptowały w swojej Szkole. Być może budząc się nie przypomnicie sobie tego, coście widzieli, usłyszeli, ale pozostanie to w was zapisane i pewnego dnia będziecie zdziwieni stwierdzeniem, iż wiele rzeczy się wyjaśnia. Trzeba zrozumieć jak sen staje się świętym aktem, kiedy się zasypia z intencją studiowania w innym świecie, ponieważ to tam otrzymuje się prawdziwą Inicjację. Także jeśli w nocy uczeń opuszcza swoje ciało, żeby spotkać Mistrza, kontynuuje naukę w jego pobliżu i kiedy budzi się rano, nawet jeśli nie przypomina sobie dokładnie tego, co zobaczył i zrozumiał pozostaje w nim wrażenie czegoś pięknego, świetlistego, co towarzyszy mu cały dzień.

Ja także mówię do was w nocy, tłumacze to, czego nie mogę jeszcze odkryć na planie fizycznym, bo nie zrozumielibyście tego, a zwłaszcza, że w chwili obecnej nie wiedzielibyście, co zrobić. Podczas gdy teraz prawdy, które wam przekazuję poprzez myśl zaczynają działać w waszej podświadomości i w dniu, kiedy będziecie zdolni je uchwycić i z nimi pracować, objawią się wam.

To, czego Wtajemniczony nie może dokonać w ciągu dnia, gdyż jest za krótki, może zrobić w nocy. W ciągu dnia może przyjąć tylko małą liczbę osób w dodatku w ciągu piętnastu, dwudziestu minut. Te osoby przychodzą do niego przygnębione, udręczone; jak im pomóc w tak krótkim czasie? W ciągu nocy przeciwnie Wtajemniczony może przebywać w wielu miejscach równocześnie, żeby pomagać tym, którzy potrzebują jego pomocy; jego ciało fizyczne jest tu, rozciągnięte, nieruchome, ale jego duch dochodzi wszędzie, żeby pomagać, oświecać stworzenia. Jego duch nie śpi, lecz pozostaje czynny. Oto różnica między Wtajemniczonym a zwykłym człowiekiem.

Wy także możecie rozpocząć tę pracę. Pomyślcie o wszystkich stworzeniach na ziemi, nieszczęśliwych, cierpiących, które są w ciemnościach. W ciągu nocy wy także możecie im pomóc, ale pod warunkiem, że nauczycie się przygotowywać do snu. Przed zaśnięciem mówcie: „Oto opuszczę moje ciało tej nocy, żeby udać się na naukę do świata niewidzial-

nego i spróbuje pomóc tym, którzy tego potrzebują".
Nigdy nie zapominajcie zasypiać ze wspaniałym
celem, żeby móc wykonywać pracę z drugiej strony,
ponieważ to ta myśl czyni wszystko.

Oczywiście, żeby te rady, jakie wam daję były
skuteczne, trzeba, abyście już w ciągu dnia robili
wysiłki by prowadzić rozsądne życie. Nie wystarczy
wyjąkać kilka słów przed zaśnięciem. Jeśli spędzili-
ście dzień pełen wzburzenia wewnętrznego, emocji
albo namiętności nie możecie oczekiwać, iż podczas
snu wykonacie wielką pracę. Wasza dusza będzie
krążyć wokół ciała bez możliwości oddalenia się od
niego.

Kiedy macie problemy, pytania, którymi się zaj-
mujecie, możecie także próbować je rozwiązać podczas snu nawet zapisując na kartce papieru, którą
położycie obok poduszki. Oczywiście anioł nie po-
jawi się przed wami w nocy, żeby dać wam szczegó-
łowe wytłumaczenie jak powinien postąpić człowiek,
ale z pewnością będziecie mieli odpowiedź w postaci
wrażenia, myśli, która przy przebudzeniu przeniknie
waszego ducha. Trzeba zrozumieć, iż te ćwiczenia,
które wam daję odpowiadają znajomości psychiki
ludzkiej i jej działania. Zasypiając z określoną troską
uruchamiamy w podświadomości określone mecha-
nizmy psychiczne i jest wielu szukających, którzy
rozpoznając je znaleźli podczas snu rozwiązanie
problemów, które ich niepokoiły.[1]

Praca podświadomości podczas snu może zawsze
być wykorzystana przez każdego, aby urzeczywistnić

---

[1] Na temat zobacz „Wiara, która przenosi góry", kolekcja Izvor nr 238, rozdz. 6, 10, 11, 12, 15.

swoje projekty, swoje idee. Możecie zrealizować wasze życzenia, by poprawić błędy, uzyskać zalety. Medytujcie długo a potem zasypiajcie zachowując obecność życzenia, tego pytania: będą one kontynuować pracę podczas waszego snu.

Robiłem w młodości wiele podobnych ćwiczeń, dochodziłem nawet do pokonania mojej nieśmiałości przez autosugestię, ponieważ będąc młodym byłem niewiarygodnie nieśmiały: przechodziłem wiele razy przed sklepem wahając się żeby wejść. Bełkotałem, kiedy miałem rozmawiać z kimś, kogo nie znałem. Kiedy moje siostry przyprowadzały do domu swoich przyjaciół, zamykałem się w swoim pokoju aż do czasu kiedy wyszli... Kiedy zrozumiałem, iż jeśli czegoś nie zrobię, będę przez tę niezdrową nieśmiałość niesprawny całe moje życie, zdecydowałem się poradzić sobie z tym. Jak sobie poradziłem? Byłem bardzo młody i niedoświadczony i nie doradzałbym dzisiaj nikomu tej metody, którą stosowałem, ponieważ jest trochę niebezpieczna. Koncentrowałem się na przedmiocie błyszczącym tłumacząc sobie, że pokonałem nieśmiałość, wizualizując czynności, których nie zawahałbym się wykonywać w życiu codziennym. Koncentrowałem się tak silnie, że dochodziło do zahipnotyzowania samego siebie aż do momentu zaśnięcia. Wykonywałem wiele razy ten eksperyment aż nieśmiałość opuściła mnie. W ten sposób wyleczyłem się. Ale dziś nie rozpoczynałbym tego eksperymentu, ponieważ może mieć konsekwencje niekorzystne dla systemu nerwowego.

Pod warunkiem nauczenia się rozsądnego wykorzystywania snu dla realizacji pewnych projektów jest to bardzo korzystne. Wiecie na przykład, że ktoś was nie lubi i chce wam zaszkodzić. Jeśli nie możecie przyjść do niego, żeby mu wytłumaczyć, uśnijcie z myślą, że idziecie go zobaczyć w nocy żeby mu powiedzieć: „Słuchaj mój stary, nawet jak zrobiłeś mi przykrość, co zyskałeś? Cieszyłeś się przez chwilę, ja trochę cierpiałem, ale to cierpienie wzmocniło mnie. A więc to ty straciłeś i będziesz miał jeszcze do spłacenia karmę. A więc skończ z tą sprawą, która nie jest dla ciebie korzystna". Działając w ten sposób ćwiczycie wpływ na jego podświadomość i być może on się zmieni; ale zakładając, że on się nie zmieni, to przynajmniej wy nauczylibyście się wykonywać pracę myślową.

Jest jeszcze tyle innych okoliczności gdzie możecie wykorzystać sen, żeby wykonać taką pracę! Do was należy znalezienie ich i także dowiedzenie się, co można zrobić, aby wszystkie te godziny, które musicie spędzić na spaniu nie były kompletnie stracone dla pracy, ale służyły innym działaniom, dla których nie macie czasu w dzień. Tak, widzicie, że dziedzina ducha jest ogromna, sięga w nieskończoność.

17

Ochrona fizyczna i ochrona psychiczna

Dobrze, żeby to był przypadek częsty, dusza człowieka opuszcza ciało fizyczne tylko we śnie. W rzeczywistości zdarza się, że to rozłączenie odbywa się w czasie czuwania, ponieważ dusza opuszcza ciało w każdej chwili podróży odwiedzając przyjaciół... Rzeczywiście to zjawisko jest raczej rzadkie, bardzo mało ludzi jest zdolnych do rozdzielania się. Dla większości nawet, kiedy w nocy śpią, ich dusze zostają tu, związane z ciałem fizycznym; więc tym bardziej są one niezdolne do świadomego opuszczenia swoich ciał w ciągu dnia, żeby podjąć podróż w przestrzeń i następnie powrócić do swoich codziennych czynności.

Ale nie powinniście pojmować moich słów jako zniechęcenie do próbowania rozdzielenia się, ponieważ jeśli nie jesteście odpowiednio przygotowani może spotkać was psychiczne zagrożenie. Jeśli nie zaczniecie przez oczyszczanie i wzmocnienie, żeby sprostać wszystkim agresjom ze strony planu astralnego, opuszczenie ciała jest niebezpieczne, ponieważ pozostaniecie bez ochrony na łasce jakiejś istoty, która będzie chciała się wprowadzić; dokładnie tak samo, jak zostawilibyście opuszczony dom bez opieki, pozostawiając go otwartym, bez dozoru. A więc uważajcie, nie spieszcie się do nauki rozdwajania.

Pewne osoby opowiedziały mi o doświadczeniach, które miały medytując: znajdowały się nagle przed czymś, co ich przeraziło i nie wiedziały, co się stało. Po prostu wyszły z ciała i zostały przyciągnięte w ciemne regiony planu astralnego, gdzie czuły się śledzone, zagrożone, ponieważ przebywanie w planie astralnym jest często niepewne. Jeśli spotka was podobna przygoda podczas medytacji, wiedzcie, że pierwszą sprawą do zrobienia jest powrót do ciała fizycznego i oddanie się ochronie. Nie podążajcie za doświadczeniem pod pretekstem, że jest nowe, oryginalne i podnieca waszą ciekawość; starajcie się wrócić do ciała fizycznego najszybciej jak jest to możliwe.

Jeśli przygotowujecie się przez lata do przestrzegania przede wszystkim czystości: pożywienia, myśli, uczuć i praktykując liczne ćwiczenia, żeby nad nimi panować i je poskromić, wtedy być może wasza dusza będzie mogła, jeśli tego zechce, odłączyć się od ciała fizycznego i przebywać przestrzeń bez niebezpieczeństw. Ale w oczekiwaniu na to nie rzucajcie się wryzykowne eksperymentowanie, jak proponują wam różnego rodzaju książki okultystyczne pod pretekstem otwarcia wam drogi do świata niewidzialnego, gdyż są to książki bardzo niebezpieczne. Jeśli chcecie wykonywać ćwiczenia, które przygotują was pewnego dnia do rozdwojenia, mogę wam podać całkiem nieszkodliwe.

W niektóre dni, na przykład, kiedy niebo będzie szare, mgliste, pozwólcie sobie na małą drzemkę, zamiast próbować się koncentrować i medytować – to, co jest niepotrzebne – i nie zdołacie tego robić, bo nie macie na to kondycji, spróbujcie zatrzymać wasze myśli, pozwólcie duszy rozciągnąć się w przestrzeni i wyobraźcie sobie, że spotykacie Duszę uniwersalną i łączycie się z nią. Wracając przyniesie wam pewne obrazy z regionu, który kontemplowaliście. Nie zapominajcie jednak, że wartość tego, co zobaczycie zależy od was, od natury i rodzaju waszych pragnień, waszych uczuć, waszych myśli.

Można powiedzieć, że natura widzenia jest identyczna z tą ze snu. Jest to tylko kwestia stopnia świadomości, związek stanu z wieczora z innym stanem snu. Pytacie, jaką pewność można przyznać spostrzeganiu i snom... Jedne i drugie są odbiciem stopnia ewolucji tych, którzy je mają. Sny, widzenia, mają zawsze sens. Jednak ci, który nie potrafili się uwolnić z niższego planu astralnego otrzymają z tego regionu zaburzenia swoich wizji i ich sny, to oczywiste, że nie mogą być z nich dumni, aby mieć właściwe odpowiedzi, jasną znajomość rzeczy. Tę znajomość można otrzymać, jeśli człowiek osiągnie wzniesienie się do planu kauzalnego, buddycznego, atmicznego.

W każdym razie najlepszą myśl, którą możecie zachować z tego, co wam powiedziałem, jest to, iż w wypadku niebezpieczeństwa trzeba umieć się wymknąć. Nie pozostawajcie tam, gdzie czujecie się zagrożeni. Jeśli w trakcie waszej pracy duchowej poczujecie, że wasze doświadczenie jest niebezpieczne, uciekajcie, to jedyna droga ocalenia i cała natura daje wam tego przykłady.

Popatrzcie na kreta, który spaceruje w ogrodzie: jeśli za nim podążacie pospieszy się żeby powrócić pod ziemię, ponieważ tam jest chroniony. Skąd on wie, że powinien ukryć się w dziurze, żeby uciec? Tak samo, gdy ścigacie rybę, owada, lub jakiekolwiek zwierzę, ucieka do skalnej dziury, w krzaki, do swojej skorupy lub pod liść. Ptaki uciekają odfruwając, a ludzie zależnie od niebezpieczeństwa, które im zagraża próbują schronić się w piwnicy, na strychu, na drzewie lub w wodzie... Ale nie gonią nas tylko niebezpieczeństwa fizyczne, na planie psychicznym także są zagrożenia. Kiedy jesteśmy ścigani w świecie astralnym, tam, gdzie są potwory i istoty szkodliwe musimy wejść szybko do ciała fizycznego, inaczej mówiąc do naszej dziury, naszej piwnicy. Tak się dzieje, gdy mamy koszmar: ratujemy się budząc się, ponieważ wracając do swego ciała zmieniamy świat.

Zapewne zdarzyło się wam mieć koszmary i mogliście zauważyć, że najczęściej są przerywane niespodziewanie, ponieważ budzicie się nagle z ulgą, iż znajdujecie się u siebie, w łóżku, chronieni. I mówicie: „Na szczęście był to tylko sen!" w rzeczywistości prawdziwym schronieniem nie było ani łóżko, ani pokój, ale wasze ciało fizyczne, a nagłe obudzenie było spowodowane tym, iż podświadomie wiedzieliście, że aby ochronić się przed istotą i wrogą siłą planu astralnego musicie, czym prędzej wejść do waszego ciała, które jest twierdzą, w której możecie się schronić. Jeśli zostalibyście w planie astralnym, bylibyście dalej na łasce nieprzyjaciół. Opuszczając ten plan wróciliście do ciała fizycznego, które jest gęste, solidne i uciekliście. Istoty nie mają dostępu do wszystkich planów, one są stworzone, żeby żyć i działać w określonym planie. Istoty planu astralnego nie mogą więc nas śledzić wszędzie; jeśli potrafimy zmieniać plan, jesteśmy uratowani i zresztą ta możliwość przechodzenia z jednego planu do drugiego czyni człowieka istota wyższą.

Jednego dnia jesteście zmartwieni, zniechęceni, macie wrażenie, iż cały świat jest przeciw wam... Ale nagle zasypiacie to znaczy wchodzicie do innego świata i kiedy się budzicie, czujecie, że wszystko się zmieniło. Co się wydarzyło? Całkiem po prostu uciekliście i ci, którzy was śledzili nie mogli już tego robić. Jeśli was męczą na planie fizycznym, możecie im uciec do planu astralnego, a jak dzieje się to na planie astralnym, gdzie was śledzą, macie zawsze możliwość wejść do waszego ciała.

Oszczędzicie sobie wielu cierpień, jeśli potraficie zmieniać region. Jeśli poczujecie smutek, zniechęcenie, spróbujcie pójść tam, gdzie się go pozbawicie. Jeśli wasze kłopoty mają przyczynę w intelekcie idźcie do serca. Jeśli jesteście nękani równocześnie w sferze intelektualnej i sercowej, idźcie w region duszy. Jeśli to następuje także w duszy skryjcie się w duchu; w duchu nic już nie może was dosięgnąć.

18

Źródło inspiracji

Wyobraźcie sobie, że macie się zwrócić do publiczności: osiągnięte są najlepsze warunki, przygotowaliście wasz wykład, sala jest wspaniała, wszystko jest bez zarzutu. Mówicie, mówicie, ale czujecie, że nie wywieracie żadnego wrażenia na słuchaczach, czegoś brakuje i nie wie się czego... Oto nagle pojawiła się siła, jakiś prąd i owładnął was: nawet nie musicie czytać z kartki, idee, słowa, przyszły w naturalny sposób, dźwięk głosu, gesty, stały się nadzwyczajnie wyraziste i poruszyliście słuchaczy. Oj tak, to są rzeczy, które się zdarzają... Nawet, gdy nigdy nie mieliście okazji mówić publicznie, mieliście jednak doświadczenie rozmawiając z przyjaciółmi: nagle poczuliście się przeniesieni jak gdybyście byli ukłuci przez muchę... niebiańską!... I byliście sami zdziwieni poczuciem, że wszystko stało się łatwe; jak gdyby to mówił inny człowiek niż wy, człowiek mądrzejszy, bardziej promieniujący.

Oczywiście, są to przeważnie artyści, aktorzy, którzy żyją tego rodzaju doświadczeniem. Ponieważ na przykład nie wystarczy artyście nauczyć się na pamięć swojej roli, swojego scenariusza; jest wielu artystów doskonale przygotowanych, jednak nie wystarczy skorzystać z tej nieznanej siły, inspiracji, nic z siebie nie wydobędą, żadnego promieniowania, żadnego blasku, żadnego zapachu i publiczność pozostaje zimna, nie jest poruszona.

Wszyscy ci, których nazywa się geniuszami są właśnie ludźmi, którzy poddają się najłatwiej, najnaturalniej niż inni sile wyższej psychiki: inspiracji. Każdy człowiek posiada w mniejszym lub większym stopniu zdolność otrzymywania inspiracji. Nie byłoby deklaracji miłości tego czy tej, których się kocha... co najmniej byłoby tak przeciwnie, ponieważ to także się zdarza: być zagubionym, bełkotać, drżeć, nie wiedzieć już co powiedzieć, całkowita blokada.

W rzeczywistości człowiek ograniczony do swoich możliwości nie jest za bardzo zdolny do genialnej twórczości, trzeba żeby się odwoływał do swojej drugiej natury, aby wejść w związek ze światem duszy i ducha skąd przychodzi siła, światło i piękno. Jest więc ważne poznanie sprzyjających warunków inspiracji, warunków na planie fizycznym, ale także na planie astralnym i mentalnym, bowiem inspiracja nie pojawia się w was przypadkiem.

Powiecie, że zdarzyło się wam mieć inspiracje w okolicznościach, w miejscach, albo w przypadkach mało prawdopodobnych. Tak, to prawda, to może się zdarzyć. Możecie także połączyć wszystkie idealne warunki materialne, żeby otrzymać inspirację, ale nic nie otrzymacie. Inspiracja nie koniecznie przychodzi, gdy będziecie siedzieć w pozycji lotosu z zamkniętymi oczami wśród dymu kadzidła. Nie o takich warunkach mówię. Pierwszym warunkiem inspiracji jest sposób życia. To on przygotowuje inspirację.

Nie trzeba wyobrażać sobie, że otrzyma się inspirację, jeśli pozwala się sobie robić byle co, jeśli poprzedniego wieczora nie oczyści się swoich myśli, uczuć i czynów. Oczywiście, inspiracja przychodzi tak ot, niespodziewanie, nawet czasem w chwili, kiedy się jej najmniej spodziewa, ale przychodzi do tych, którzy w ten czy inny sposób są przygotowani na jej otrzymanie. Nic nie przychodzi przypadkiem, nic, co jest dobrego ani złego. Ktoś sądzi, że jest zdrowy, a proszę, pewnego dnia zostaje powalony przez atak serca. Tu także nie przyszło to przypadkiem. Tak samo, kiedy most lub dom rozpadają się nie jest to przypadek, tak samo, gdy lawina nie jest wywołana przypadkiem, nic w życiu nie powstaje przypadkiem, nawet, kiedy nie pojawia się żadna oznaka i nie można nic przewidzieć.

Obecnie jest wiele różnych sposobów, żeby sprowokować inspirację: alkohol, narkotyki... Ale wtedy w rzeczywistości, bardziej nazywa się to ekscytacją niż inspiracją. Kiedy mówię o inspiracji, rozumiem przez to tylko siłę, prądy, istoty, które dzięki swojej pracy i wzniosłym aspiracjom otrzymał człowiek przyciągnięte z bardzo wysoka. Te prądy, te istoty, które wykonały drogę przez centra myślowe szukają by się móc wyrazić i w ten sposób narodziły się wszystkie dzieła myśli i sztuki. Ale to nie alkohol, ani narkotyki, przyciągają iskry inspiracji.

Zresztą nie dlatego, że człowiek jest przenikany przez bardzo silne prądy psychiczne, które działają przyciągająco na publiczność lub audytorium; można wówczas powiedzieć, że jest on naprawdę „inspirowany", ponieważ aby najlepiej mówić o inspiracji trzeba sięgnąć do źródła jako miejsca, skąd czerpie się inspiracje. Weźmy przykład z tej właśnie chwili: słowo. Nie dlatego człowiek jest rzeczywiście inspirowany, w sensie rozumienia inspiracji przez Wtajemniczonych, że posiada możliwość wywołania nagłego entuzjazmu tłumu i trzymania go pod swoim wpływem. Ileż razy widziało się to u niektórych ludzi z kręgu polityki! Nie można zaprzeczyć, że mieli dar, ale ten dar był tylko naciągnięciem, wzmocnieniem niektórych sił i energii psychicznych, które mają często naturę niższą. Są to przeciętne uczucia, zwyczajne myśli, które są tylko wyrażane z większą intensywnością. To tylko natężenie, ilość, która wzrasta, a nie wartość. Tak więc prawdziwa inspiracja w rozumieniu wartości jest wówczas, gdy jest wypełniona elementami najczystszymi, najsubtelniejszymi. Prawdziwa inspiracja jest inspiracją boską.

Dlatego nie trzeba także mieszać inspiracji z niektórymi formami uniesienia mistycznego. Dlatego tylko ten, który naprawdę wchodzi w kontakt z Niebem może otrzymać prądy światła, harmonii i pokoju. Wszyscy ci, którzy symulują inspirację z Nieba, gestykulują w różnych kierunkach, albo ruszają oczami i prowadzą niezwykłe albo niespójne przemówienie, lub też pozostają nieruchomi całymi godzinami w pozycji imitującej ekstazę są niezrównoważeni, chorzy. Nawet, gdy mówią o Niebie, o Duchu Świętym, aniołach, archaniołach, w rzeczywistości są chorzy i jest to widoczne we wszystkich sposobach ich działania. Sadzą, że wchodzą w związek ze światem boskim, a czynią to z braku

dyscypliny i pracy wewnętrznej, otrzymają połączenia z regionami podziemnymi planu astralnego,
a tam otrzymają oczywiście przekazy i polecenia, ale
takie, na które trzeba uważać i być ostrożnym.

Platon także badał te problemy inspiracji, kiedy
powiedział o czterech formach „urojeń" i „uniesień".
Są to uniesienia przepowiedni jak te Pytii z Delf, sybilli... Kiedy są one na etapie zwyczajnym, nie wiedzą
nic, nie mogą nic powiedzieć, ale kiedy bóg zajmuje się
nimi przepowiadają i ostrzegają. Uniesienia terapeu-
tyczne, które pozwalają odkryć, jakie są rytuały
oczyszczające i modlitwy, uwalniają z chorób
i nieszczęść zarówno osobistych jak i zbiorowych. Są
uniesienia twórcze, poprzez które Muzy inspirują mu-
zyków, poetów i wszystkich artystów. W końcu uniesienia miłosne inspirowane przez wizję piękna twarzy
albo doskonałego ciała. Oczywiście trzeba zrozumieć,
że te słowa „urojenie" lub „uniesienie" nie mają
u Platona sensu, jaki daje mu się dziś. Ma się czasem
okazję spotkać w życiu codziennym ludzi, którzy mają
manię albo urojenia, ale niestety nie w sensie Platona!

Żeby móc naprawdę powiedzieć o kimś, że jest
inspirowany, trzeba, żeby rozwinął swoje ciała wyższe, aby wejść w związek z prądami i istotami planu
kauzalnego, buddycznego i atmicznego.

W innym wykładzie wytłumaczyłem wam, że ci,
którzy są wzniesieni do planu kauzalnego są geniuszami; ci, którzy są wzniesieni do planu buddycznego
są świętymi; w końcu, ci, którzy doszli do szczytu, to
znaczy do planu atmicznego są wielkimi Mistrzami.

Geniusz jest więc istotą, która doszła do osiągnięcia planu kauzalnego, to znaczy planu mentalne-

go wyższego i według dyspozycji, które są w nim otrzymuje z tego regionu elementy, które pozwalają mu czynić odkrycia w dziedzinie nauki, myśli, albo staje się twórcą w dziedzinie sztuki. Święty jest istotą, która się wzniosła do planu buddycznego jest on w połączeniu duchowym z miłością Boga i potrafi ją uzewnętrzniać. Wielcy mistrzowie, którzy doszli jeszcze dalej niż geniusze i świeci, bo doszli do stopienia się w świadomości bożej i tam otrzymują znajomość i najwyższą moc.

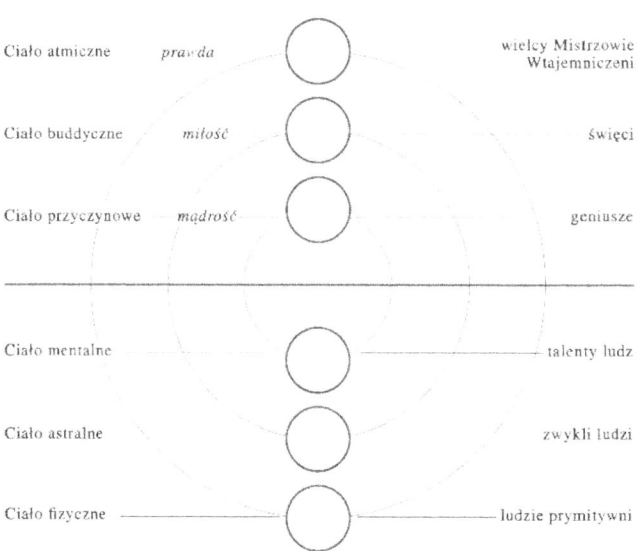

NATURA WYŻSZA

Ciało atmiczne	prawda		wielcy Mistrzowie Wtajemniczeni
Ciało buddyczne	miłość		święci
Ciało przyczynowe	mądrość		geniusze
Ciało mentalne			talenty ludz
Ciało astralne			zwykli ludzi
Ciało fizyczne			ludzie prymitywni

NATURA NIŻSZA

131

Geniusze są istotami zainspirowanymi, są to twórcy, ale ich życie rzadko jest życiem świętobliwym, a nawet często jest przeciwnie. Dzięki pracy, którą realizowali w poprzedniej inkarnacji otrzymali ten dar, który teraz się przejawia, ale jeśli nie są uważni, jeśli pozwalają sobie na życie w regionie niższym świadomości, wtedy go stracą.

Świeci, być może nie pozostawiają żadnej twórczości, żadnych dzieł sztuki, ale żyją czystym życiem, karmionym miłością bożą, którą wysyłają i promieniują nią wokół.

Jeśli chodzi o wielkich Mistrzów, żyją oni takim samym czystym i świętym życiem jak świeci i tworzą także jak geniusze. Różnica polega na tym, iż ich twórczością nie są ani wiersze, ani symfonie, ani obrazy; to, co chcą stworzyć to nowa ludzkość i pracując cierpliwie, niestrudzenie nad sercem, intelektem, duszą i duchem ludzi, pozwalają im rozwijać się stopniowo na drodze ewolucji.

19

Przedkładać uczucie nad widzenie

Mało ludzi jest świadomych niebezpieczeństw, którym mogą ulec, chcąc rozwinąć zdolności jasnowidzenia. Porywają się na to na ślepo, ponieważ to jest nowe, oryginalne. Tak, jest to niezwykle interesujące mieć przygodę w dziedzinie niedostępnej dla większości ludzi, aby widzieć to, czego inni nie widzą! Niestety przez swoją nieostrożność nie będą mieli wiele trudu, żeby znaleźć różnego rodzaju ludzi i książki, które im dadzą możliwość usatysfakcjonowania ich ciekawości.

To prawda, nie można ich pominąć, istnieje wiele metod, żeby rozwinąć jasnowidzenie, ale nie jest to powód, żeby chcieć je stosować bez rozeznania. Niektórzy na przykład chcą nauczyć się rozdzielania, ale nie wiedzą, iż nie są przygotowani, w czasie, gdy będą na zewnątrz swego ciał, różne duchy wejdą w nich i wezmą w posiadanie ich istotę; nie będą już panami siebie i nastąpią różnego rodzaju komplikacje i kłopoty.

Inni chcą pracować nad czakrami wykonując ćwiczenia koncentracji i przedłużonego oddychania. Oczywiście te ćwiczenia przynoszą rezultaty, ale jakie rezultaty? Jeśli chcecie obudzić wasze czakry bez wykonywania ćwiczeń i pracy przygotowawczej, obróci się to przeciwko wam. Jest to dokładnie tak samo, jakbyście dali zapałki dziecku; co ono z nimi zrobi? Pożar. Więc trzeba wiedzieć, że siła Kundalini, którą trzeba uaktywnić, żeby obudzić czakry jest prawdziwym ogniem i ten, kto nie pracował wcześniej nad czystością i opanowaniem ryzykuje, iż ogień Kundalini wybuchnie i zniszczy w nim wszystko. Tymczasem ktoś, kto zaczyna od pracy nad czystością, opanowaniem, pracuje także pośrednio nad czakrami, które się budzą i zaczynają działać bez niebezpieczeństwa dla niego samego.

Droga, którą wam wskazuję jest zawsze najlepsza i najpewniejsza. Jeśli pomimo argumentów, które bez przerwy wam przedstawiam, chcecie podążać za kimś innym, idźcie więc, ale potem tym gorzej dla was: zobaczycie czy jeśli nie powstrzymacie dominacji waszej pożądliwości i niższych skłonności, będziecie rzeczywiście wykonywać pracę nad waszymi czakrami i rozwijać czakrę Ajna, która jest centrum jasnowidzenia! Otrzymacie być może rodzaj jasnowidzenia, ale to piekło, zobaczycie.

Kiedy jasnowidzący patrzy wokół siebie, jak sądzicie, co zaczyna spostrzegać? Niebo, anioły? Niestety nie. On widzi chciwość, pożądania ludzi, ich zamiary kryminalne, które mają w głowie, nienawiść, którą mają w sercu i niebezpieczeństwa, które na nich czyhają i to jest straszne mieć podobne rzeczy ciągle przed oczyma. Często jasnowidzący są ludźmi nieszczęśliwymi. Iluż prowadzi to do kryzysu i mówią: „Panie, uwolnij mnie od tego daru, który mi dałeś, ponieważ widzę wszędzie tylko rzeczy straszne i bardzo cierpię."

A wy, jak sądzicie, co zrobicie? Myślicie, że moglibyście to wytrzymać? Nie, jeśli zdołaliście rozwinąć jasnowidzenie bez rozwinięcia w was przynajmniej miłości, dobroci, siły, opanowania, będziecie żałować chwili, kiedy nie widzieliście nic, ponieważ nawet gdybyście żyli w iluzji byłoby to tysiąc razy lepsze. Przeciwnie, jeżeli przezwyciężyliście w sobie wiele słabości, jeśli przygotowaliście się, oczyścili, jeśli potraficie zapanować nad sobą i jeśli macie dużo miłości dla ludzi, jeśli potraficie dostrzec cierpienie (nie można go nie widzieć), dzięki waszej miłości, waszej odwadze, opanowaniu, nie obawiajcie się, nie wpadajcie w popłoch ani w zwątpienie i nawet możecie wysłać pomoc przez myśl.

Nie spieszcie się, żeby stać się jasnowidzącymi, ponieważ zmierzacie do wielkiego kłopotu a nawet zniechęcenia do życia między ludźmi. Nie jest to wcale pożądane. Tak samo jak nie jest pożądane mieć bardzo rozwinięty węch; i na szczęście ten zmysł jest u ludzi w stadium szczątkowym, inaczej ludzie nie mogliby się wzajemnie znosić, tak rozchodziłby się ich obrzydliwy zapach z powodu nieprawidłowego sposobu ich odżywiania, życia i myślenia.

Jak długo nie jest się przygotowanym by pokonywać swoją odrazę albo swoje obawy, nie trzeba szukać widzenia. A zresztą można zapytać, dlaczego niektórzy tak bardzo chcą „widzieć" jakby był to szczyt życia duchowego. Widzieć zyski pieniężne, albo fiasko, przyszłe małżeństwa, rozwody, wrogów, przyjaciół, choroby, co jest w tym tak nadzwyczajnego? Są to zawsze słabości ludzkie, dlaczego rozwijać inne zdolności, żeby to zobaczyć? Nie uważacie, że można dość dużo tego rodzaju rzeczy zobaczyć oczami fizycznymi, prawda? Ile razy jest się zmęczonym, zdegustowanym wszystkim, co ma się przed oczyma? Po co chcieć widzieć to naprzód, żeby w końcu być zdruzgotanym, chorym? Czy to jest inteligentne? Widzieć... Widzieć... Ale widzieć co? Oto jest pytanie. Powiedzcie sobie więc, że jasnowidzenie przeszkadza wam w rozwoju jeśli rozwinęliście go przedwcześnie to znaczy zanim zostały rozwinięte uzdolnienia, które pozwolą wam zrobić coś pożytecznego z tym, co widzicie. Nie wystarczy widzieć, trzeba być zdolnym do uchwycenia i zrozumienia tego, co wam Niebo odkryje, ale także stawić czoła i znosić wizję piekła.

Już dawno zrozumiałem, że rozwijanie jasnowidzenia nie przyniosłoby mi wiele, przeciwnie, nie zrobiłem nic, żeby go rozwinąć. Dlatego nic nie widzę, ale czuję; kolory, prądy, istoty, nie widzę ich, ale czuję. Wole nie próbować widzieć, ale każdego dnia pracować, żeby odczuwać Niebo, każdego dnia czuć obecność czegoś pięknego, intensywnego.

Istnieje zdolność o wiele silniejsza niż widzenie, jest to odczuwanie. Tak, ponieważ prawdziwą rzeczywistością jest dla człowieka to, co odczuwa; reszta, rzeczywistość zewnętrzna, tylko Bóg wie czy jest dla niego rzeczywistością! Jeśli człowiek cierpi, bo zamierza popełnić samobójstwo, jest prześladowany, spróbuj mu powiedzieć, że to jest iluzja! Nawet, jeśli nikt go nie prześladuje, nie odczuwa prześladowania jako iluzji. A kiedy w najgorszej sytuacji zdarzy się, że jakaś osoba przeżyje ekstazę, olśnienie, jej także nie przekona się, że nie jest to prawda. Cierpienie lub radość, których człowiek doświadcza są być może jedynymi rzeczami, w które on nie wątpi. Można wątpić w to, co się widzi, w to, co się słyszy, co się dotyka, ale w to, co się odczuwa nie można wątpić. Cokolwiek by ktoś zrobił, to odczucie wewnętrzne będzie zawsze dla niego ważniejsze niż widzenie. Dzięki uczuciu jest zawsze wrażliwy, jest wzruszony, przeżywa to.

Ileż jest ludzi, którzy zanim coś zobaczą nic nie czują! Patrzą na wschód słońca, który jest najpiękniejszym widowiskiem natury i nic nie odczuwają. Do czego więc służy oglądanie go? Czemu wam służy patrzenie na Niebo otwarte przed wami, jeśli nie czujecie nic z jego wspaniałości? Tymczasem jeśli czujecie Niebo, to tak jak gdyby było w was i nie macie już potrzeby go widzieć. Jest więc bardziej potrzebne wykształcenie wrażliwości na świat duchowy niż rozwijanie jasnowidzenia. Kiedy czujecie Niebo, pokój, kiedy czujecie radość, czystość, jest to największa rzeczywistość. Czego jeszcze wymagacie?

Trzeba zrozumieć: wszystko, co widzimy, co dotykamy i zauważamy, że jest obok nas, znajduje się już daleko od nas. Tylko to, co jest w nas jest blisko nas. Dlatego prawdziwe jasnowidzenie jest w uczuciu wewnętrznym, głęboko, a nie w widzeniu czegoś na zewnątrz nas.

Wierzcie mi, nie jestem tu, żeby wam przeszkadzać w rozwijaniu wszystkich dziedzin, w otrzymywaniu jasnowidzenia, możliwości uzdrawiania, przepowiadania, opanowywania żywiołów, a nawet przemieniania ołowiu w złoto, jeśli jesteście do tego zdolni. Nie jestem przeciwny. Pracuję dokładnie po to, żebyście mogli zajść tak daleko w rozwoju jak to jest możliwe, ale nie tak, jak chcielibyście lub słyszelibyście, albo jak czytaliście w niektórych dawnych lub nowych dziełach, które są bardzo niebezpieczne. Wiem, że filozofia, którą wam przynoszę nie będzie ani przyjemna, ani strawna dla was, ale jak potraktujecie ją poważnie i wprowadzicie, rezultaty będą boskie. Oto, czego jeszcze nie zrozumieliście. Ponieważ przyzwyczailiście się do polubienia wielu rzeczy z wyjątkiem tych najważniejszych. Otóż, najważniejsze to nauczyć się żyć. Następnie, nie można pozwolić sobie na rozwijanie takich czy innych zdolności, stać się uzdrowicielem, jasnowidzącym, astrologiem, kabalistą, alchemikiem itp. Jak długo sprawa życia „jak żyć" nie została uregulowana, cokolwiek byście zrobili, bylibyście wystawieni na wszystkie niebezpieczeństwa.

Teraz, zanim skończę, chciałbym wam jeszcze coś powiedzieć. Jasnowidzenie jest darem, który niektórzy ludzie mogą otrzymać tak jak inni mogą otrzymywać dar muzyki lub matematyki. Tak więc jeśli otrzymaliście ten dar, starajcie się go chronić, aby mógł wam zawsze służyć do przybliżenia Nieba; żeby go chronić powinniście bez przerwy pracować nad czystością: czystością myślenia, czystością uczuć, działań.

Ale to nie jest wszystko, żeby go ochraniać dobrze jest także jak najmniej mówić o tym wokół siebie. Jeśli jest wam dana ta łaska kontaktu ze światem boskim i komunikowania się ze świetlistymi istotami a nawet widzenia ich nie opowiadajcie o tym. Przede wszystkim jest niebezpieczeństwo, że źle was zrozumieją i że niektórzy zaliczą was do obłąkanych. Żyjcie tym boskim życiem i nic nie mówcie. Po co opowiadać to wszystko? Korzystajcie z tych łask, rozsiewajcie wokół siebie wszystko, co się z nich wylewa, ale niech nikt nie wie skąd one pochodzą.

Innym powodem, żeby nie mówić jest to, że w dniu, kiedy ludzie dowiedzą się, iż ktoś posiada dar jasnowidzenia będą nachodzić was z różnymi pytaniami, najbardziej prozaicznymi a nawet najbardziej kryminalnymi. Tak, mężczyźni i kobiety będą chcieli wiedzieć czy zostaną deputowanymi lub ministrami czy ich mąż albo żona ich zdradza, czy powinni zmienić kraj, żeby zarobić więcej pieniędzy, czy szybko pozbędą się rywala lub rywalki, czy śmierć rodziców pozwoli im w końcu wejść w posiadanie bogatego spadku itp. Itd. A więc chcecie być w centrum tego wszystkiego? Kiedy jedni i drudzy będą was cały czas sprowadzać na ten poziom swoich pospolitych problemów sądzicie, że będziecie mogli często się od nich oderwać, żeby zakosztować Nieba? Niestety nie i stracicie wasze światło, waszą inspirację, wszystko, co nadaje sens waszemu życiu. Trzeba więc ochraniać tę zdolność, która jest darem Nieba i w ciszy będziecie mogli pomagać innym lepiej się rozwijać.

Jest już czas, kiedy ludzie zrozumieją, czym jest naprawdę Szkoła inicjacyjna. Zbyt wielu jeszcze wyobraża sobie, że tu otrzymają jasnowidzenie, siły magiczne i różnego rodzaju fantastyczne uzdolnienia, które im pomogą zaspokoić ich pragnienia i ambicje. Nie, prawdziwym powodem bycia w Szkole inicjacyjnej jest przygotowanie ludzi do nieustannej pracy by urzeczywistnić realizację Królestwa Bożego na ziemi, to znaczy braterstwa między ludźmi. Żeby podjąć tę pracę nie potrzebujecie jasnowidzenia, ani posiadania specjalnych sił: potrzebujecie tylko stać się mądrzejszymi, czystszymi, szlachetniejszymi, bardziej bezinteresownymi i bardziej panami siebie.

Książki tego samego autora w języku polskim

Numer i tytuł tomu:

201 Ku cywilizacji słońca (książka i ebook)*
203 Wychowywanie zaczyna się przed urodzeniem
204 Joga odżywiania
205 Siła seksualna lub uskrzydlony smok
211 Wolność, zwycięstwo ducha
212 Światło, żywy duch (książka i ebook)*
213 Natura ludzka i natura boska (ebook)
214 Przyszłość ludzkości ... miłość-poczęcie-ciąża*
219 Centra i ciała subtelne (książka i ebook)*
222 Życie psychiczne człowieka (ebook)
223 Twórczość artystyczna i twórczość duchowa*
224 Potęga myśli
225 Harmonia i zdrowie
227 Złote reguły codziennego życia
228 Spojrzenia na niewidzialne (książka i ebook)
229 Droga ciszy (książka i ebook)
230 Niebiańskie miasto, komentarze do Apokalipsy
231 Ziarna szczęścia (ebook)
233 Przyszłość młodzieży (książka i ebook)*
238 Wiara, która przenosi góry (ebook)*
239 Miłość większa niż wiara (ebook)*
241 Kamień filozoficzny – od Ewangelii ...
013 Nowa ziemia – Metody, ćwiczenia, modlitwy
514 Myśli dnia (kalendarze w formie książkowej)
308 Święta wielkanocne (broszura)
318 Prawdziwa praca matki podczas ciąży (broszura)
402 Spirytualista w społeczeństwie (próbka lektury)
403 Bądź panem własnego szczęścia (próbka lektury)

* Niektóre międzynarodowe sklepy internetowe zastępują w tytułach książek polskie znaki specjalne ą, ć, ę, ł, itp. literami a, c, e, l itp.

Dystrybutorzy

Polska

Nieznany Świat, Księgarnia-Galeria
ul. Kredytowa 2, 00-062 Warszawa
tel. 827-93-49
www.nieznany.pl

oraz w następujących sklepach:

www.amazon.pl
www.allegro.pl
www.ceneo.pl
www.virtualo.pl (ebooki)

i wielu innych dystrybutorów

**Dalsze informacje na temat autora
Omraama Mikhaela Aivanova i jego książek:**
www.prosveta.pl

Francja (Wydawca oryginału)
EDITIONS PROSVETA S.A.
Z.A. Le Capitou - B.P. 12
83601 Fréjus Cedex, www.prosveta.com

Niemcy
PROSVETA VERLAG GmbH
Grabenstr. 14, 78661 Dietingen
www.prosveta.de/pl